Julius Rabe

Braunkehlchen kehrt zurück

Ein Dutzend und
sieben Umweltgeschichten
für Kinder und Erwachsene

NAJU

Impressum

Titel: Braunkehlchen kehrt zurück –
ein Dutzend und sieben Umweltgeschichten
für Kinder und Erwachsene

Autor: Julius Rabe

Redaktion: Carola Preuß

Satz und Layout: Verlag an der Ruhr

Illustrationen: Eva Spanjardt

Titelbild: Uwe Gumper

Druck: Druckerei Uwe Nolte, Iserlohn

Herausgeber: Naturschutzbund Deutschland,
Gruppe Marbach
Naturschutzjugend Deutschland, Charitéstr. 3,
10117 Berlin

© LBV 2008
ISBN 978-3-939324-17-1

gefördert von: LB≡BW
Stiftungen
Landesbank Baden-Württemberg

Inhalt

Vorwort

Zum Geleit: Schutzgebiete für Märchen 7

Einführung: Arbeiten mit den Texten 8

Tiere sind Mitgeschöpfe

(1) Bruder Wolf 12

Tier und Pflanze brauchen Lebensraum

(2) Braunkehlchen kehrt zurück 15

(3) Alfons und der Löwenzahn 21

(4) Die Friedensinsel 26

(5) Die Sonnenblume 30

Ehrfurcht vor dem Leben

(6) Der Bär und die Lerche 35

(7) Die Christrose 40

Fremde zu Freunden machen

(8) Das Rabenkind 43

(9) Die Fremde auf der Kanincheninsel 48

Von einfachen Dingen

(10) Sternenregen 55

(11) Die Nachtigall und der Mond 59

(12) Die Suche nach Glück 63

Inhalt

Traum und Hoffnung

- (13) Der Traumfisch 68
- (14) Sarah 71
- (15) Die Flöte 75
- (16) Anton und der Specht 83
- (17) Die Stadteiche bekommt Besuch 89

Von Sonne, Mond und Sternen

- (18) Der Rabe von Neuenburg 93
- (19) Der Hahn und die Sonne 101

Die Herausgeber 104
Dank 111

Schutzgebiete für Märchen

Zum Geleit

Armselig wäre ein Land, dessen Märchen auf die Roten Listen rücken, weil wir die Basis dessen verhunzt haben, woraus Heimat erwächst. Es darf nicht geschehen, dass der Kuckuck, der da aus dem Wald ruft, und das Männlein, das da im Wald steht, nur mehr in Kinderliedern existieren. Wir wollen, dass die Linde vor dem Tore nicht nur im Volkslied vorkommt und die Brunnen vor dem Tore nicht nitratverseucht sind und das Tor selbst nicht vom Steinfraß zerfressen wird.

Wir wollen nicht von den Quellen schwärmen, sondern aus den Quellen trinken; wir wollen die Bäume, die Vögel und die Schmetterlinge nicht in immer schöner aufgemachten Bildbänden, sondern ganz persönlich kennen lernen, und wir wollen Lüfte einatmen und Früchte genießen, die uns nicht krank machen. Darum stellen wir uns vor Bäume und Bäche, vor unsere Wälder und Landschaften, weil von ihnen letztlich auch unsere Märchen herrühren.

Deshalb beinhaltet „Heimat" aber auch immerwährende Verteidigung, nicht mit Waffen, sondern mit dem Herzen; und es ist der Widerstand gegen jegliche Heimatverhunzung Pflicht, damit wir nicht zu den Heimatvertriebenen unserer Tage werden.

Reich sind wir zwar an dreißigtausend Megawatt Atomstrom, an Raketen und Panzern, aber arm geworden sind wir an Störchen und Linden und Märchen. Reich sind wir zwar an dreißig Millionen Autos, aber arm, bettelarm, an reinem Trinkwasser und gesunder Atemluft.

Wir haben zwar den vollen Mond erobert, aber wir stehen wie hilflose Kinder vor den sterbenden Wäldern, hinter denen er aufgeht. Nicht nach den Raketen, sondern nach den Wäldern wird uns die nächste Generation fragen. Deshalb brauchen wir Märchen-Schutzgebiete.

Hubert Weinzierl

Präsident des Deutschen Naturschutzrings

Arbeiten mit den Texten

Einführung

Natur erleben, Natur als schön empfinden, erkennen, dass wir Natur brauchen, um leben zu können, dazu möchten die Geschichten in diesem Buch beitragen. Die Texte sollen Kinder ohne erhobenen Zeigefinger an Natur heranführen, ihnen bewusst machen, dass Tiere und Pflanzen Werte sind. Es geht auch darum, Fremdes anzuerkennen, verstehen zu lernen, den Wolf, die Raben – aber auch fremde Menschen. Neuere Studien erhärten, wie wichtig Naturbegegnung für Kinder ist, wie wichtig es ist, ihnen zu vermitteln, dass die Christrose, das Rotkehlchen Mitgeschöpfe sind. Warum sollten die Kinder, wenn sie erwachsen geworden sind, für etwas einstehen, das sie nie kennen gelernt haben? Mit unseren Geschichten möchten wir dazu beitragen, dass Menschen bereit sind, Verantwortung zu übernehmen, und sich dafür einsetzen, unsere Umwelt nachhaltig zu bewahren. Die vorliegenden Texte sollen nicht nur im Klassenzimmer vorgetragen werden, sie eignen sich besonders zum Vorlesen in der Natur, wo die Akteure der Geschichten die Kinder umgeben.

Die Geschichten behandeln unterschiedliche Themenbereiche.
1. In der indianischen Geschichte „Bruder Wolf" geht es um Tiere als *Mitgeschöpfe*. Diese Wertschätzung findet sich schon im Alten Testament. Nach den Worten der Bibel erleben Tiere dasselbe Schicksal wie wir, und auch Tieren ist ein Sabbat zu gewähren.
2. *Lebensräume schützen* – bzw. ihre Zerstörung verhindern – ist ein weiteres Thema. Kinder sollen erkennen, dass jede Tierart und jede Pflanzenart ganz bestimmte Bereiche zum Leben braucht, eine feuchte Wiese etwa oder einen trockenen Berghang. Sie können nicht einfach überall leben. Und es geht um die Freude, die wir Menschen bei der Beobachtung von Tieren und Pflanzen erfahren. Zu diesem Themenbereich gehören: „Braunkehlchen kehrt zurück", „Alfons und der Löwenzahn", „Friedensinsel", „Die Sonnenblume".

Arbeiten mit den Texten

Einführung

3. *Ehrfurcht vor dem Leben*, dem Mitgeschöpf Freiheit zu gewähren, ist das Thema der Geschichten „Der Bär und die Lerche" und „Die Christrose".
4. In unserer Zeit begegnen wir dem *Fremden* nicht nur in der Ferne, sondern auch im eigenen Land. Oft erfüllt uns Fremdes mit Furcht. Wir haben dem Fremden gegenüber Vorbehalte, sehen es als minderwertig an. Dieses Fremde können Menschen, aber auch Tiere sein, der Wolf zum Beispiel. Die folgenden Geschichten sollen Kinder anregen, sich mit diesem Thema auseinander zu setzen: „Das Rabenkind", „Die Fremde auf der Kanincheninsel".
5. Wir leben in einer Zeit, in der alles größer, schöner sein muss, als es zuvor gewesen ist: unsere Autos, die Häuser, die Auswahl an Essen. Unauffälliges wird nicht nur übersehen, es wird auch nicht in seinem Wert erkannt. Menschen mit körperlichen Makeln verbannen wir sogar aus unserer Öffentlichkeit. Dabei kann nur eine neue Bescheidenheit der Reichen – zu denen wir ja gehören – mehr Gerechtigkeit schaffen. Die Geschichten zeigen, dass Dinge nicht teuer sein müssen, um Glück und Erfüllung zu bringen, sondern oft die ganz *einfachen* wunderbaren Erscheinungen dazu ausreichen. Nur müssen wir lernen, sie überhaupt wahrzunehmen: „Sternenregen", „Die Nachtigall und der Mond", „Die Suche nach Glück".
6. Und immer wieder erleben wir, wie Lebensräume zerstört werden, weil irgendwelche Industrieanlagen ohne Rücksicht auf die Natur gebaut werden oder weil Menschen Kriege führen. Die Geschichten von Sarah und vom Traumfisch setzen all dieser Zerstörung *die Hoffnung* auf eine friedvollere Welt entgegen.

Den Geschichten sind Fragen angefügt. Sie sollen dazu beitragen, das Gespräch in der Klasse anzuregen. Die Geschichten diese Buches sind vom Kinderbereich der Naturschutzjugend, dem NABU-Bundesfachaus-

Arbeiten mit den Texten

Einführung

schuss Umwelt und Bildung und der NABU-Gruppe Marbach ausgewählt worden.

In Gruppenarbeit und im Unterricht

Wir haben die Geschichten in den Fächern Deutsch, Religion, Kunst, Philosophie und gelegentlich Musik eingesetzt. Besonders angesprochen fühlten sich die Kinder der Altersstufe 8/9 bis 12 Jahre.
Ein bis zwei Geschichten haben wir vorgelesen und sie anschließend besprochen. Zunächst sollten die Kinder versuchen, den Inhalt wiederzugeben, danach Einzelfragen beantworten.
Die übrigen Geschichten wurden dann in Gruppen- oder Partnerarbeit behandelt.
Möglich ist auch, die Geschichten nur teilweise vorzulesen und die Kinder aufzufordern, den Schluss selbst zu finden. Das Schlussfinden muss dabei kein Erzähltext sein. Der Schluss könnte auch als Zeichnung gestaltet werden.
Darüber hinaus bieten einige Geschichten die Möglichkeit, sie in Rollen aufzulösen und als kleine Hörszene oder als Theaterspiel aufzuführen. Kinder, die keine Rolle übernehmen, könnten begleitende Geräusche erzeugen. In der Rabengeschichte etwa das Brausen des Sturms (mit einer Schnur, an deren Ende ein Stück Holz befestigt ist), das Prasseln von Regen oder Meeresrauschen oder auch die kreischenden Möwen.
Das szenische Umgestalten bietet sich bei fast allen Geschichten an. Bei der Rabengeschichte z.B. die Dialoge von Rabenmutter und Rabenkind, das Gespräch mit dem Fischer, aber auch die Auseinandersetzung mit dem Adler und den Möwen. Viele Dialog- und Geräuschmöglichkeiten finden sich bei der Geschichte „Das Braunkehlchen kehrt zurück". Will man den Einsatz der Geschichten auf handwerkliche

Arbeiten mit den Texten

Einführung

Fähigkeiten (Fach Technik) ausdehnen, können einzelne Figuren als Hand- oder Stabpuppen gestaltet werden. Dann müssen die Kinder nicht sichtbar auf der Bühne stehen, sondern können hinter der Puppenbühne den Figuren ihre Stimme leihen. Wer plant, mehrere Geschichten im Unterricht zu verwenden, kann zu Beginn jeder Geschichte Wolfsheulen als Signal und Einstimmung verwenden.

Wolfsheulen lässt sich von der NABU-Homepage (**www.nabu.de**) auf den MP3-Spieler oder auf den Laptop herunterladen.
Es ist aber auch auf der CD „Geräusche im Zoo" zu finden (Verlag an der Ruhr, Best.-Nr. 2482)

1 Bruder Wolf

Tiere sind Mitgeschöpfe

Eine Geschichte der Anishnabe, den „Indianern" aus Ostkanada

Als der Schöpfer die Menschen geschaffen hatte, da hatte der Mensch noch keinen Namen. (Erst später sagten die Leute ‚Anishnabe' – erster Mensch – zu ihm.)
„Geh über die Erde", sagte der Schöpfer zu dem Menschen, „und gib allen meinen Geschöpfen Namen: den Blumen auf dem Felde, den Pflanzen im Sumpf, den Tieren mit Fell, den Vögeln in der Luft, den Fischen im Wasser."
Also wanderte der Mensch über die Erde. Dabei entdeckte er, welche Früchte gut schmeckten, welche Wurzeln er essen konnte, welche Kräuter gegen Krankheiten halfen.

Bruder Wolf

Tiere sind Mitgeschöpfe

Auf seiner Wanderung gab er auch den Flüssen, den Seen und den Meeren Namen.
Es gab keinen Flecken der Erde, den der Mensch nicht entdeckte.
Wohin er kam, immer waren die Tiere zu zweit. Ein Vater und eine Mutter. Und alle bekamen Kinder.
Da fragte der Mensch den Schöpfer: „Warum leben all die Tiere zu zweit? Und warum bin ich immer allein?"
Der Schöpfer antwortete: „Ich schicke dir jemanden, der mit dir wandern kann, mit dir sprechen und spielen."
Und er sandte den Wolf zu dem Menschen.
Der Mensch fragte den Schöpfer: „Was soll ich denn jetzt machen? Alles, was du gefordert hast, habe ich getan, ich habe allen Pflanzen, allen Tieren Namen gegeben, auch den Flüssen. Ich habe die ganze Erde bewandert."
Der Schöpfer antwortete: „Du und der Wolf, ihr sollt Brüder sein. Macht euch beide auf und erwandert die Erde."
Also zogen sie los, Wolf und Mensch. Sie schauten in die verborgensten Winkel und entdeckten immer Neues.
Auf dieser Reise wurden sich Mensch und Wolf so vertraut wie Brüder. Ja, sie erkannten, dass alle Geschöpfe ihre Brüder waren, Biber und Hirsch, Adler und Bär, sogar die Bäume.
Viele Wochen waren vergangen, da hatte der Mensch mit seinem Bruder Wolf die Reise beendet. Wieder sprachen sie mit dem Schöpfer.
Der Schöpfer sagte: „Von heute an sollen eure Wege getrennt sein. Doch was dem Menschen geschieht, das soll auch dem Wolf geschehen. Vor den Menschen, die später die Erde bewohnen, müsst ihr euch beide fürchten. Aber sie werden auch Achtung vor euch haben, und sie werden euch falsch verstehen."
So geschah es mit den Indianern, den First Nations, und dem

1 Bruder Wolf

Tiere sind Mitgeschöpfe

Wolf. Beide wurden aus ihrer Heimat vertrieben. Beide wurden fast ausgerottet.
Es scheint, dass die Wölfe zurückkommen. Werden die ‚Indianer' die Weißen überzeugen, dass alle Menschen mit den Geschöpfen in Frieden leben müssen?

nach Edward Benton-Banai, The Mishomis Book,The Voice of the Ojibway

- Welche anderen Tiere würdest du als deine Brüder ansehen? Erzähl, warum!
- Wem hat der Mensch auf seiner Reise alles Namen gegeben?
- Wen hat Gott zum Begleiter des Menschen bestimmt?
- Finde heraus, warum es nur noch so wenig Indianer und Wölfe gibt.

Braunkehlchen kehrt zurück

Tier und Pflanze brauchen Lebensraum

Der Bauer hatte die fruchtbarsten Felder weit und breit. Wenn er aus seinem Fenster blickte, sah er weit wogende Felder mit Weizen. Das alles gehörte ihm und seiner Familie, und trotzdem fühlt sich der Bauer nicht recht wohl. Seine Frau und sein Sohn halfen ihm, versuchten, ihn mit frischen Äpfeln, mit Erdbeeren und Musik zu erfreuen. Der Bauer wurde immer kränker.
„Mein Herz fühlt sich so eng, so kalt an", sagte der Bauer.
„Dein Herz ist groß und stark", sagte der Arzt, „trotzdem magst du Recht haben. Trotzdem kann dein Herz krank sein."
„Stark und groß und trotzdem krank, wie meinst du das, Doktor?"

2 Braunkehlchen kehrt zurück

Tier und Pflanze brauchen Lebensraum

„Deinem Herzen fehlt etwas, das ich nicht mit Pillen behandeln kann. Ich weiß nicht, was es ist. Vielleicht fehlt dir Freude. Denk mal drüber nach. Träum mal drüber. Vielleicht kommen wir deinem Leiden auf die Spur."
Der Bauer grübelte und grübelte. Am Tag fühlte er sich schwach und elend, nachts konnte er nicht schlafen. Er dachte an seinen Sohn, er dachte an seine Frau, und an keinem hatte er etwas auszusetzen. Sogar mit den Nachbarn kam er gut aus. Doch eines Nachts hatte er einen merkwürdigen Traum, einen ganz belanglosen Traum. Der Bauer träumte nämlich, der Weizenacker vor seinem Haus wäre zu einer bunten Wiese geworden, mit Kräutern, mit Mädesüß, Glockenblumen, Kohldisteln, und auf einem kleinen Weidenbusch saß ein Vogel und sang. Klein, fast unscheinbar war der Vogel. Er hatte eine braune Kehle. Manchmal sang er wie eine Grasmücke, dann wie ein Stieglitz. Manchmal trillerte er wie eine Lerche oder schlug wie eine Nachtigall. Ganz dicht an sein Fenster flog der Vogel.
Der Bauer wollte das Fenster öffnen, doch da war der Vogel verschwunden.
Am Morgen fühlte sich der Bauer plötzlich leicht und froh. Aber er sagte weder seiner Frau noch seinem Sohn von seinem Traum. „Wenn ich ihnen davon erzähle, werden sie meinen, ich sei verrückt geworden", dachte der Bauer.
Als der Doktor kam, sagte er: „Doktor, ich glaub, mit mir geht es zu Ende, mir scheint, ich bin verrückt." Und dann erzählte er von seinem Traum.
„Wirklich ein merkwürdiger Traum", sagte der Doktor, „doch Träume sind nicht nur Hirngespinste. Vielleicht solltest du deinem Traum glauben, vielleicht ist der Gesang dieses kleinen Vogels die Freude, die dir fehlt – ohne dass du es gewusst hast."

Braunkehlchen kehrt zurück

Tier und Pflanze brauchen Lebensraum

„Meinst du?", fragte der Bauer, „meinst du, dass mein Herz den Gesang eines so kleinen Vogels braucht?"

„Doch, das glaube ich. Dein Herz braucht noch mehr. Es braucht auch die Glockenblumen, die Kohldisteln, die Weidenröschen, den Geruch der Pfefferminze."

„Hätte ich das gewusst", sagte der Bauer, „dann hätte ich nicht alle Wiesen umgepflügt und Weizen darauf gesät."

„Warum säst du denn nicht einfach auf ein paar Äckern wieder Gras? Und wenn du Gott walten lässt, dann werden nach ein oder zwei Jahren auch Kohldisteln und Mädesüß gedeihen. Ich glaube, für dich ist das heilbringender als die viele Medizin."

„Aber die Vögel, die Braunkehlchen, woher kommen die? Ob die auch den Weg zu mir finden?"

„Es mag wohl sein", sagte der Arzt, „aber vielleicht müssen wir es ihnen sagen. Und vor allem, du musst ihnen eine gastliche Stube anbieten, eine schöne bunte Wiese, und du darfst sie nicht stören, solange sie ihre Kinder aufziehen."

Der Bauer rief nach seinem Sohn.

„Sohn", sagte er, „ich kann nur gesund werden, wenn du den kleinen Vogel mit der braunen Brust findest. Weißt du, den, der früher auf den Wiesen vor unserem Haus sang. Bitte geh und such den Vogel."

Der Sohn liebte seinen Vater, darum sagte er: „Gut Vater, ich gehe gleich. Aber wo soll ich den Vogel finden?"

„Auf Wiesen musst du ihn suchen. Wenn irgendwo auf einer Wiese ein kleiner brauner Vogel singt, auf einem Busch, auf einer Kohldistel oder auf einem Zaunpfahl, dann ist es bestimmt ein Braunkehlchen. Sag ihm, es soll zurückkommen auf unsere Wiese."

„Soll ich denn mit dem Auto fahren?", fragte der Sohn.

Braunkehlchen kehrt zurück

Tier und Pflanze brauchen Lebensraum

„Nein, geh zu Fuß. Im Auto siehst du nichts und hörst du nichts."
Der Sohn zog also davon. Stundenlang wanderte er durch
Weizenfelder, Kartoffelfelder und Rübenfelder. Wiesen fand
er nirgends. Am Abend kam er an einen Wald, und als er ein
Stück hineingegangen war, erreichte er eine Lichtung. „Heute
Nacht werde ich nicht ins Wirtshaus gehen", dachte der Sohn,
„heute Nacht bleibe ich draußen und lausche den Vögeln."
Er breitete seine Wolldecke aus, legte sich darauf und schaute
in den Himmel. Auf einmal hörte er neben sich den Gesang
eines Vogels. So schön und herzzerreißend, wie er es noch nie
gehört hatte. Es war schon dunkel, deshalb konnte der Sohn
den Vogel nicht erkennen. Als der Vogel eine Pause machte,
fragte er ihn: „Für wen singst du so schön – so traurig?"
„Ach, eigentlich singe ich für mich, weil ich mich an dem Duft
der Rosen freue und an dem Glanz der Sterne."
„Aber du heißt nicht Braunkehlchen oder doch?"
„Nein, nein, ich heiße Nachtigall. Ich liebe den Wald, die
Waldränder und das Gebüsch. Aber wenn du morgen früh
weitergehst, dann kommst du an ein weites Wiesental.
Dort triffst du sicher Braunkehlchen."

Viel schlief der Sohn nicht in dieser Nacht. Er lauschte in das
Dunkel hinein, er lauschte der Nachtigall, er hörte, wie der Wald-
kauz sein schauriges huhu huhuu ertönen ließ. Er sah den Fuchs
im Mondschein, hörte das Reh schrecken und sah, wie kleine
Lichter durch die Büsche schwebten.
Früh am Morgen machte er sich auf zu dem Wiesental.
Tautropfen hingen schwer an den Grashalmen und beugten sie
zur Erde. Das Rotkehlchen erwachte, der Kuckuck rief. Als er

Braunkehlchen kehrt zurück

Tier und Pflanze brauchen Lebensraum

die Wiesen erreichte, stieg gerade die Sonne über den Horizont. Wie tausend Perlen funkelten die Tautropfen auf der Wiese, und auf einmal hörte der Bauernsohn einen schönen Gesang.
Als er hinschaute, erkannte er einen kleinen Vogel mit brauner Kehle und weißen Schultern.
„Ich hab es gefunden", jubelte er. Doch gleich darauf war er still. Er wollte das Braunkehlchen doch nicht erschrecken. Ganz langsam näherte er sich dem Busch, dann setzte er sich auf den Boden, lauschte und wartete. Nach einer Weile ruhte sich das Braunkehlchen vom Singen aus.
„Braunkehlchen", flüsterte der Bauernsohn, „darf ich dich etwas fragen?"
„Warum denn nicht?", antwortete das Braunkehlchen.
„Sag, kannst du nicht wieder zu uns kommen? Mein Vater ist schon ganz krank, weil er deine Lieder nicht mehr hören kann."
„Ja, ich möchte schon", sagte das Braunkehlchen, „aber wie soll ich bei euch wohnen? Dein Vater selbst hat doch die Wiese umgepflügt."
„Er hat es nicht besser gewusst, damals", sagte der Sohn, „aber wenn du nächstes Jahr wiederkommst, dann will ich jetzt zurückeilen und gleich Gras aussäen."
„Gut", sagte das Braunkehlchen, „im Frühling, wenn ich aus Afrika zurück bin, komme ich bei euch vorbei."
Und tatsächlich, das Braunkehlchen kam. Es sang die schönsten Lieder, vor allem in der Frühe und am Abend. Manchmal setzte sich der Bauer abends vor das Haus und freute sich an der Wiese. Dann flog auch das Braunkehlchen herbei, setzte sich auf einen Zaunpfahl und sang alle Lieder, die es kannte.
Der Bauer freute sich an dem Braunkehlchen, und er freute sich an seinen Liedern. Er spürte, wie es ihm allmählich besser ging.

Braunkehlchen kehrt zurück

Tier und Pflanze brauchen Lebensraum

„Merkwürdig", dachte er, „dass ich erst krank werden musste, um zu sehen, wie schön die Wiesen sind, um zu erfahren, dass mein Herz den Gesang des Braunkehlchens braucht."

- Wie geht es dem Bauern am Anfang der Geschichte?
- Warum hat das Braunkehlchen das Land des Bauern verlassen?
- Wovon träumt der Bauer?
- Was macht der Bauer, damit das Braunkehlchen zu ihm zurückkommt?
- Finde heraus, was für Aufgaben ein Bauer hat!

Alfons und der Löwenzahn

Tier und Pflanze brauchen Lebensraum

Jeden Morgen besuchte Alfons seine Blumen. Alfons wohnte in dem kleinen Haus am Wald. Kaum war die Sonne aufgegangen, da ging er schon auf die Wiese und begrüßte die Madonnenlilien. Sie wuchsen am Wiesenrand gerade unter den Apfelbäumen. Ein Stück weiter durch das taunasse Gras kam er zu seinen Orchideen. „Guten Morgen, Waldvögelein", sagte Alfons, „schön, dass du bald blühen wirst."
Er begrüßte auch die Akelei am Waldweg, die Bachnelkenwurz und die Sumpfdotterblume am Bach, den Salbei am sonnigen Wiesenhang. Alfons liebte seine Pflanzen, und er wachte darüber, dass sie niemand abrupfte.

3 Alfons und der Löwenzahn

Tier und Pflanze brauchen Lebensraum

Eines Tages brachte der Postbote Alfons einen Brief. Als er ihn gelesen hatte, seufzte Alfons: Dann werde ich wohl in die Stadt umziehen müssen. Alfons war nämlich Lehrer, und nun sollte er den Kindern in der Stadt zeigen, wie man liest und wie man rechnet. Aber seine Blumen, er erschrak, sollte er die zurücklassen? Ohne seine Blumen zu leben, ohne ihren Duft, ihre Farbe, ihre schöne Gestalt, das konnte er sich nicht vorstellen.
Alfons ging zuerst zur Madonnenlilie. „Hör mal", sagte er, „ich muss in die Stadt ziehen, weil ich dort arbeiten soll, magst du mich begleiten?"
„Oh ja", sagte die Madonnenlilie, „wer würde mir sonst einen guten Tag wünschen. Nur eines versprich mir, verschaff mir wieder einen kleinen Wiesenplatz und einen alten Apfelbaum so wie hier." Alfons war froh: „Das ist sicher leicht zu finden. Ich freue mich, dass du mich begleitest." Er ging weiter zum Waldvögelein. „Waldvögelein", bat Alfons, „bitte, begleite mich auf meiner Reise in die Stadt."
„Gern möchte ich mit dir kommen", sagte das Waldvögelein, „aber sag, findest du in deinem neuen Garten ein Stück Wiese, nicht zu feucht darf es sein, und ich muss dort meine Ruhe haben, so wie hier."
„Doch", sagte Alfons, „ich werde in einem kleinen Häuschen wohnen mit lieben Menschen und hinter dem Haus ist ein Garten. Dort finde ich gewiss einen Platz, wo du ungestört bist."
Alfons ging auch zur Akelei. „Wenn du mir einen Platz richtest, nicht zu sonnig, nicht zu trocken, dann komme ich gern mit dir."
Dem Wiesensalbei hingegen versprach Anton einen warmen, sonnigen Platz. Die Bachnelkenwurz wollte einen feuchten Ort, und Alfons versprach, einen Tümpel zu bauen.
Als Alfons gerade zurück ins Haus wollte, da hörte er vom Weg-

Alfons und der Löwenzahn

Tier und Pflanze brauchen Lebensraum

rand eine feine Stimme. „Du bist ungerecht, Alfons", sagte sie.
„Ich ungerecht?", fragte Alfons erstaunt. Er sah hinab zum Wegrand und erkannte dort den Löwenzahn, die Pusteblume. Ihre gelben Blüten sahen wie kleine Sonnen aus.
„Ja", sagte die Pusteblume, „alle hast du gefragt, ob sie mit dir gehen, nur mich nicht."
„Entschuldige", sagte Alfons, „aber ich glaubte, du seist hier so tief verwurzelt, dass du auf keinen Fall mitkommst."
„Aber fragen könntest du mich doch."
„Gut, dann frage ich. Magst du, Pusteblume, mit mir in die Stadt ziehen, wirst du auch da blühen so wie hier und deine Kinder an Fallschirmen übers Land senden?"
„Ja, ich komme mit dir, auch wenn es schwer sein wird, die Wurzeln abzuschneiden."
So zog Alfons dann in die Stadt. Er hatte alle Pflanzen sorgsam ausgegraben und ihnen ein Heim so bereitet, wie sie es gewünscht hatten. Die Madonnenlilie, die Akelei, der Löwenzahn, die Bachnelkenwurz, sie alle hatten sich bald eingelebt. Und Alfons besuchte seine Blumen jeden Morgen wie früher.
Aber nicht nur die Pflanzen wuchsen, es wuchs auch die Stadt. Eines Morgens, als Alfons das Waldvögelein besuchen wollte, hörte er es ganz leise wimmern. „Alfons", sagte es, „ich kann's hier nicht mehr aushalten, mir ist es zu nass, und ich ersticke unter dem vielen Gras."
„Ja", sagte Anton, „es hat sich hier viel verändert. Der Weg über der Wiese ist neu, und der Sportplatz daneben wird täglich gewässert."
„Bitte, Alfons, bring mich zurück, hier muss ich sterben."
Am nächsten Wochenende grub Alfons das Waldvögelein aus und brachte es an seinen alten Platz.

3 Alfons und der Löwenzahn

Tier und Pflanze brauchen Lebensraum

„Ich wär gern bei dir geblieben", sagte das Waldvögelein, „aber ich kann nicht."
Alfons fuhr zurück. Der nächste Tag war Sonntag. Am blauen Maihimmel stand eine strahlende Sonne. Alfons ging in den Garten. Als erstes begrüßte er die Madonnenlilie.
„Warum hast du mich gestern nicht besucht?", fragte sie.
„Ich habe das Waldvögelein zurückgebracht. Es konnte die Stadt nicht mehr ertragen."
„Alfons, ich hatte mich nicht getraut, es dir zu sagen: Seitdem die neuen Mieter hier wohnen, fühl auch ich mich schlecht. Jede Woche, wenn der Rasenmäher vorbeifährt, zittere ich. Und seit die Äste von dem Apfelbaum gesägt wurden, ist's mir viel zu hell und dann dieser viele Dünger. Sei mir nicht bös, bitte, aber mir geht die Luft aus. Wenn du mich nicht fortbringst, werde ich sterben." Auch der Wiesensalbei klagte sein Leid:
„Du hast mir bei deinem Umzug einen sonnigen trockenen Platz ausgesucht. Ich habe mich gefreut, wenn ich dir ein paar Blüten und Blätter für deinen Tee geben konnte. Doch schau, Anton, meine Kräfte lassen nach. Meine Blätter werden immer kleiner."
„Ja", sagte Anton, „das hätte mir eigentlich auch auffallen müssen. Und schon im letzten Jahr hattest du keine Blüten mehr."
„Das salzige Wasser von der Straße", sagte der Salbei, „mir wird davon ganz schlecht."
So musste Alfons schließlich all seine Blumenfreunde zurückbringen. Nach der Madonnenlilie die Akelei, nach der Akelei die Bachnelkenwurz. Zu viele Häuser waren um Alfons' Haus gebaut worden, zu viele giftige Gase legten sich auf den Boden. Nur eine Pflanze war geblieben. Alfons hatte gerade die Bachnelkenwurz zurückgebracht. Da kam er an der Pusteblume vorbei.
„Hör, Alfons", flüsterte sie, „du siehst so traurig aus."

Alfons und der Löwenzahn

Tier und Pflanze brauchen Lebensraum

„Wunderst du dich? Mich haben doch all meine Blumen verlassen", seufzte er.

„Alle, Alfons? Ich bin doch noch hier, und ich werde bei dir bleiben. Schütz mich vor dem Gift, das die Menschen streuen, und dann will ich das ganze Jahr über blühen. Ich werde meine Wurzeln tief zwischen den Pflastersteinen versenken."

„Und ich werde dich jeden Tag besuchen, wie immer."

- Wo wohnt Alfons zu Beginn der Geschichte?
- Warum haben die Blumen Alfons gebeten, sie von seinem Stadtgarten in die Natur zurückzubringen?
- Erzähle, warum der Löwenzahn auch Pusteblume genannt wird.
- Wo hast Du schon mal eine Pusteblume in der Stadt gesehen?
- Überlege Dir, warum die Pusteblume in der Geschichte die einzige Pflanze ist, die in der Stadt überlebt! (Schau in einem Kinderlexikon nach.)

4   Die Friedensinsel

Tier und Pflanze brauchen Lebensraum

Lange Jahre lebten die Elefanten, die wilden Ziegen, Löwen, Strauße, Tauben, Wölfe und Fuchs, Reh und Hirsch ungestört auf der Erde – bis der Mensch kam.
Auch er brauchte Land und Nahrung, genau wie die Tiere. Die ersten Menschen waren harmlos. Mal töteten sie ein Reh, dann ein Schwein. Sie töteten nicht mehr, als sie brauchten. Später dann wollten die Menschen Land, mehr Land.
Und weil sie kein Land hatten, nahmen sie das Land der Tiere. Sie vertrieben Schwein und Hirsch, Elefanten und Antilopen um Weizen und Mais anzubauen. Die Menschen aber wollten immer mehr Land. Sie bauten große Städte, sie bauten Fabriken und Autobahnen.
Und die Tiere? Ihnen blieb immer weniger Platz zum Leben.

4

Die Friedensinsel

Tier und Pflanze brauchen Lebensraum

Wachtelkönig und Luchs, Wolf und Bär fanden überhaupt keinen Platz mehr. Sie legten sich zum Sterben.
Ein paar gab es, die fanden neue Wohnung bei den Menschen: der Haussperling, die Hausmaus, die Hausratte und der Mauersegler.
Doch den meisten Tieren ging es schlecht. Rebhühner und Fische starben an Giften, die Menschen in der Landschaft versprühten. Stare wurden vertrieben, weil ihnen die Trauben der Menschen mundeten, die Wölfe getötet, weil sie Fleisch fraßen.
Da sagte der Rabe: „ So kann es nicht weitergehen. Wir müssen unseren König um Rat fragen. Der muss uns erzählen, was wir tun können."
Aber wo war der König der Tiere zu finden? Der König der Tiere ist nämlich nicht besonders groß, reich oder mächtig. Der König der Tiere ist winzig klein – aber sehr weise. Es ist der Zaunkönig.
Der Zaunkönig war über die Gier der Menschen nach immer mehr Land schon lange beunruhigt. Er hatte sich in eine stille Ecke im Brombeergerank neben dem Wasserturm zurückgezogen und überlegte und überlegte, was die Tiere tun könnten.
Der Rabe war's, der ihn dort entdeckte. Lange sprachen der Rabe und der Zaunkönig miteinander und suchten nach einer Lösung.
Der Rabe war weit herumgekommen. „Es gibt eine Insel", erzählte er, „weit im Meer, da gibt es keine Menschen. Wollen wir nicht dahin ziehen?"
„Das war mein Traum", sagte der Zaunkönig. „Eine Insel ohne Menschen, eine Insel im fernen Meer. Dann ist es also wirklich wahr?" Der Zaunkönig und der Rabe saßen noch viele Stunden zusammen und planten.
„Flieg", sagte der Zaunkönig dann zum Raben, „flieg und ruf alle

Die Friedensinsel

Tier und Pflanze brauchen Lebensraum

Tiere zusammen. Wir wollen eine Arche bauen, hier unten am Fluss. Dann werden wir rudern und segeln, bis wir die Insel erreicht haben."

In den nächsten zwei Wochen war am Fluss bei den großen Eichen und Pappeln heftiges Treiben. Die Biber und die Spechte fällten die Stämme, die Pirole verrieten, wie man sie zu einem riesigen Floß zusammenbindet. Der Zaunkönig wuselte überall herum und überprüfte die Arbeiten.

In einer Vollmondnacht war die Arche fertig. Laut und deutlich kündigte die Stimme des Zaunkönigs an: „Alle Tiere an Bord."

Und sie kamen angeströmt: Hasen und Hamster, Marder und Igel, Grasmücken und Störche, Gänse und Bussarde, Käfer und Schnecken, Spinnen und Libellen.

Endlich um Mitternacht legte die Arche ab. Sie trieb den Strom abwärts. Als sie am Morgen das Meer erreichten, war die See ruhig. Die Störche und Kormorane breiteten ihre Schwingen als Segel aus, und die Enten paddelten mit ihren Schwimmfüßen. Die Ottern schoben die Arche voran.

„Rabe", sagte der Zaunkönig, „flieg du voran und schau, dass wir den richtigen Kurs steuern."

Gegen Abend kam der Rabe wieder. „Ihr segelt gut", sagte er. „Wenn wir so weiter kommen, haben wir in zwei Tagen die Insel erreicht." Und er erzählte dem Zaunkönig von den Wäldern und Wiesen, die es auf der Insel gab.

Der Zaunkönig überlegte, wie er die Tiere auf der Insel verteilen könnte.

Tatsächlich, alles ging gut. In einer Bucht machten sie die Anker fest. Die Tiere waren froh, wieder Land zu sehen. Sie gingen an die Plätze, die ihnen ihr König zugeteilt hatte.

Der Zaunkönig ernannte den Raben zu seinem Minister.

Die Friedensinsel

Tier und Pflanze brauchen Lebensraum

Noch leben die Tiere auf der Insel, und jedes hat seinen Platz. Sie hoffen, dass kein Mensch ihre Insel betritt und dass ihr neues Tierreich lange erhalten bleibt.

Und die Menschen? Zuerst bemerkten sie gar nichts.

An einem Morgen fragte der kleine Junge: „Mutter, wo ist denn die Amsel, die da drüben immer auf dem Dach singt."

Und als die Menschen zu Ostern in den Wald gingen, da war es dort seltsam leer. Kein Specht lachte, keine Drossel sang, keine Bienen waren zu hören, kein Fuchs zu sehen und kein Reh.

Woran mag das liegen, dachten die Menschen, was haben wir den Tieren getan. Lange grübelten sie. Der kleine Junge fragte seine Mutter: „Kann es sein, dass es den Tieren bei uns nicht mehr gefiel, kann es sein, dass die Amsel bei uns keinen Wurm mehr fand?"

Doch als die Menschen überlegten, warum sie von den Tieren verlassen wurden, da war es schon zu spät.

- Wie heißt in der Geschichte der König der Tiere?
- Was bauten die Tiere, um in ihr neues Land zu kommen?
- Wie könntest du den Tieren und Pflanzen in deiner Umgebung helfen?
- Warum brauchen die Menschen immer mehr Land?

5 Die Sonnenblume

Tier und Pflanze brauchen Lebensraum

Wo Kim wohnte, gab es wenig Bäume und noch weniger Rasen. In den Hinterhöfen standen noch einmal Häuser, und da, wo Gras wachsen konnte, waren Parkplätze für Autos. Ein einziger Baum wuchs im Hof. Das war eine Kastanie. Daran hatten die Mädchen und Jungen großen Spaß. Vor allem an den schönen braunen Kastanienfrüchten, die so schön glänzten.
Die Kinder freuten sich auch an den Blüten im Frühjahr, die wie Kerzen aussahen. Und wenn die Amsel in den Zweigen ihr Nest gebaut hatte, kletterten sie hinauf und schauten hinein.
Den Hausverwalter aber ärgerte die Kastanie. Missmutig schaute er im Frühjahr zu dem Baum auf, als die dicken Knospen aufsprangen und sich die Blätter wie eine Serviette entfalteten.

Die Sonnenblume

Tier und Pflanze brauchen Lebensraum

„Die werden alle wieder runterfallen", brummte er dann, „und ich muss die Schweinerei wegmachen."
Eines Tages erschienen Männer mit einer großen dröhnenden Motorsäge. Als Kim aus der Schule kam, da lag die Kastanie zersägt am Boden. Kim heulte vor Wut. Er hätte am liebsten die Scheiben beim Hausverwalter eingeschmissen.
Aber die Mutter sagte: „Kim, der Kastanienbaum gehört uns nicht." „Doch", schrie Kim, „er gehörte auch uns, und wenn er uns nicht gehörte, so gehörte er dem Verwalter noch weniger."
Aber die Kastanie lag am Boden, tot, zersägt.
„Warum haben die Männer den Baum gefällt?", fragte Kim traurig.
„Ich weiß es nicht", sagte die Mutter, „vielleicht nahm der Baum zu viel Licht, oder die Leute haben sich über die Blätter geärgert, wenn sie im Herbst abfallen."
„Aber was macht der Buchfink jetzt, der auf dem Ast sein Nest gebaut hatte?"
„Ja, was der wohl macht", meinte die Mutter, „der hat jetzt kein Zuhause mehr."
„Ob er im Stadtpark einen neuen Nestbaum findet?"
„Ich hoffe es", sagte die Mutter.
„Und meine Amsel? Wo soll die jetzt singen? Schade, Mutter, es war ein so schöner Baum."
Kim hätte gern einen neuen Baum gepflanzt, einen, der ganz rasch wächst. Nur, der Platz gehörte ihm ja nicht, und am Tag darauf stand dort schon ein Auto.
Kim fiel ein, dass sie ja auf ihrem Balkon einen Blumenkasten hatten. Er dachte: „Ich werde dort eine Blume aussäen. Eine Blume, die ganz schnell wächst." Kim ging in sein Zimmer, kramte in der Schublade herum und fand noch zwanzig Cent von seinem Taschengeld. Damit stürzte er die drei Stockwerke

5 Die Sonnenblume

Tier und Pflanze brauchen Lebensraum

hinunter, raste um die Ecke, die Straße entlang zum Samengeschäft. „Bitte, ich möchte einen Baum oder eine Blume, die ganz schnell wächst."
„Wie groß ist denn dein Garten?", fragte der Verkäufer.
„So groß wie ein Blumenkasten", sagte Kim. „Die Pflanze soll schnell wachsen und groß werden. Am liebsten soll's eine Wunderblume sein."
„Eine Wunderblume", sagte der Verkäufer nachdenklich, „doch, ich hab etwas für dich, und eine Wunderblume ist's eigentlich auch – bloß gewöhnlich überlegt man sich das nicht."
Der Verkäufer bückte sich, griff in eine Tonne und gab Kim zwei Samenkörner, kürzer als ein Cent-Stück. Schwarz waren sie und hatten weiße Streifen.
„Werden daraus auch wirklich große Pflanzen?", wollte Kim wissen.
„Gewiss", sagte der Verkäufer, „daraus werden Pflanzen, die größer werden als du. Sie heißen Sonnenblumen."
„Sonnenblumen?", staunte Kim, „davon hab ich noch nie gehört. Und wie viel kosten sie?"
„Nimm die nur mit", sagte der Mann. Kim eilte fröhlich heim. Er lockerte die Erde in seinem Blumenkasten, feuchtete sie an und drückte die beiden Samenkörner in die Erde. Nach ein paar Tagen schon waren die Keimblätter zu sehen. Es waren kleine, zarte Pflänzchen. Kim war ein wenig enttäuscht. Aber er begoss seine Sonnenblumenkinder, und sie wurden kräftiger, größer und der Stängel dicker. Bald reichten sie fast ein Stockwerk höher, und an der Spitze bildeten sich große Blütenteller. Die Knospen blühten, und sie sahen wirklich aus wie kleine Sonnen. Man hatte den Eindruck, der dunkle Hof wirke viel heller und freundlicher, seitdem die Sonnenblumen blühte.

Die Sonnenblume

Tier und Pflanze brauchen Lebensraum

Der Verwalter jedoch murrte: „Was soll das nur? Sonnenblumen, das sind doch keine Balkonpflanzen! Man müsste das verbieten." Und am Abend setzte er sich an seinen Schreibtisch, nahm ein weißes Stück Papier und schrieb darauf: „Kündigung! Sonnenblumen auf dem Balkon zu pflanzen, ist im Mietvertrag nicht vorgesehen. Darum kündige ich Ihnen hiermit." – In großen Buchstaben setzte er seinen Namen darunter: Friedrich Franz. Nachdem der Hausverwalter den Brief abgegeben hatte, sagte Kims Mutter „Du musst die Sonnenblumen forttun, Kim, sonst dürfen wir hier nicht mehr wohnen."

„Die Sonnenblumen mach ich nicht kaputt", sagte Kim. Und da Kims Mutter wusste, wie gern er die Sonnenblumen hatte, sagte sie nichts mehr.

Kim aber ging zu allen seinen Freunden und erzählte, was der Hausverwalter geschrieben hatte. Und die Buben und Mädchen riefen: „Das lassen wir uns nicht gefallen." Sie gingen zu ihren Eltern, ließen sich Pappe und Malstifte geben und schrieben große Plakate, darauf stand: Wir wollen Sonnenblumen! Damit zogen sie vor die Wohnung des Hausverwalters.

Sie riefen: „Wir wollen Sonnenblumen! Wir wollen Sonnenblumen!" Und dazu schwenkten sie die Plakate. Die Erwachsenen standen im Hintergrund, denn die mochten Kims Sonnenblumen auch. Als der Hausverwalter all die Leute sah, schickte er seine Frau hinaus. Die sagte: „Wir haben ja nichts gegen Sonnenblumen. Wir meinten ja nur, dass wir die Blätter nicht auffegen können, wenn es Herbst wird."

Da zogen die Kinder jubelnd fort und riefen: „Im nächsten Jahr säen wir alle Sonnenblumen aus!"

Kims Sonnenblumen hatten nicht nur je eine große Blüte, sondern bekamen noch viele kleine. Als die Blüten verwelkten und

5

Die Sonnenblume

Tier und Pflanze brauchen Lebensraum

die Stängel braun wurden, erntete Kim die Sonnenblumensamen. Jedem Kind gab er drei davon. Im nächsten Frühling wuchsen auf allen Balkonen drei Sonnenblumen, und als es Sommer wurde, war der kleine Hof hell vor lauter Blütensonnen, obwohl die Sonne fast nie dorthin kam. Und alle Leute, die vorbeikamen, blieben stehen und staunten. „Wie schön die Blumen sind", riefen sie, „so schön ist das hier noch nie gewesen."
Sogar die Vögel kamen. Meisen und Grünlinge fraßen von den reifenden Samen.

- Warum wird die schöne Kastanie im Hof gefällt?
- Warum ist die Kastanie nicht nur für die Kinder, sondern auch für die Tiere wichtig? Nenne Beispiele!
- Welche Blume sät Kim in seinem Balkonkasten aus?
- Wie schaffen es die Kinder, den Hausverwalter umzustimmen?
- Wer kann mehr erreichen: viele Kinder oder ein einzelnes Kind?

Der Bär und die Lerche

Ehrfurcht vor dem Leben

Der Bär war ein großer brauner Zottelbär. Er hatte sich ein Haus gebaut, draußen im Wald. Es war ein schönes Haus und rot angemalt. Das Dach war aus Birkenrinde, und es war mit Gras, mit Glockenblumen und Heide bepflanzt. Innen war ein großer Raum. Ein Bett aus Birkenholz, ein Tisch und drei Stühle standen darin. Einen Ofen hatte der Bär nicht, schließlich wärmte ihn sein dickes Fell selbst im kältesten Winter. Vor dem Haus ließen die Birken ihre Birkentroddeln hängen. Der Bär liebte Birken – nicht nur weil darunter im Sommer dicke Blaubeeren reiften, weil in ihrem Schatten Erdbeeren und Pilze wuchsen – er liebte sie auch, weil sie so nach Moor dufteten und weil ihre Zweige im Wind so schön hin und her pendelten und die Sonnenstrahlen zwischen den Blättern hindurchschlüpfen konnten.
Als der Bär sein Haus baute, halfen ihm all seine Freunde.

Der Bär und die Lerche

Ehrfurcht vor dem Leben

Der Fuchs zeichnete den Bauplan auf Birkenrinde, die Biber fällten Fichten und richteten das Holz, und der Bär legte einen Stamm über den anderen, bis das Blockhaus gerichtet war. Doch als er endlich in seinem Haus wohnte, da wurde er traurig, dass er so allein war. Am liebsten wäre er in die Stadt gewandert. Der Fuchs aber wusste Rat. Als der Bär Geburtstag hatte, da eilte der Fuchs in die Stadt. Er ging in einen Zooladen und sagte: „Ich möchte einen Vogel, der so schön singt, dass meinem Freund die Traurigkeit vergeht."

Der Zoomann verkaufte ihm einen schönen Käfig mit einer Lerche. Der Fuchs eilte zurück in den Wald, damit er nicht zu spät zur Geburtstagsfeier käme. Und tatsächlich hatte er es gerade noch geschafft. Die Biber schauten sehr erstaunt, als der Fuchs mit dem Käfig angerast kam. Übrigens, man konnte den Käfig nicht gleich erkennen, denn er war mit einem großen Rhabarberblatt zugedeckt. Und der Bär, der war natürlich überrascht und froh über das Geschenk. Sie feierten bis spät in die Nacht, der Bär, der Biber und der Fuchs. Und sie aßen Walderdbeeren mit Birkensaft. Endlich gingen die Gäste heim. Der Bär stellte den Vogelkäfig auf einen Stuhl vor seinem Bett. Dann legte er sich, schlief und träumte. Als er aufwachte, jagten die Sonnenstrahlen schon die Staubflusen am Fußboden. Der Bär blinzelte zur Lerche. „Bitte", sagte er, „sing mir ein Lied."

„Ich kann nicht", antwortete die Lerche.

„Doch", sagte der Bär, „ich habe gehört, wie du singst, es war sehr schön. Heute Nacht habe ich dich gehört."

„Nein, Bär", sagte die Lerche, „ich kann nicht singen, nicht solange ich gefangen bin."

„Daran habe ich nicht gedacht, du kleiner Vogel. Ich wünsche mir einen Freund und keine Gefangene."

Der Bär und die Lerche

Ehrfurcht vor dem Leben

Der Bär sprang so heftig hoch, dass sich die Lerche ganz erschrocken an den Käfigboden drückte. Er riss die Käfigtür auf, die Lerche flatterte heraus und setzte sich auf die Stuhllehne. Der Bär aber zertrat den Käfig und schmetterte ihn in die Ecke. „Bär", sagte die Lerche, „wenn ich singen soll, dann muss ich hoch in den Himmel zur Sonne fliegen. Und du wirst mir nicht folgen können – dann wirst du traurig sein."
„Soll ich mein Glück mit deinem Unglück erkaufen, mein kleiner Vogel? Ich will deinen Liedern zuhören, und ich will sie in meinem Herzen sammeln."
„Das wäre schön, Bär, ich will nur für dich singen, und wir wollen beide froh sein."
Der Bär trottete zur Tür und öffnete sie. Die Lerche flatterte hinaus, stieg über die Wiese hinauf in den Himmel und sang und sang ihre schönsten Lieder. Der Bär lief hinterher, es war ihm nicht schwer, sein schönes Haus zu verlassen. Auf der Wiese hielt er an, schaute nach oben, rieb sich die Augen. Ganz oben im Blau, fast bei der Sonne, sah er einen dunklen Punkt. „Das ist sie", brummte er glücklich. Er legte sich auf den Rücken ins duftende Gras. Der Gesang war ganz leise jetzt.
„Wenn sie nur nicht zu hoch steigt, sich an der Sonne verbrennt oder erschöpft herabfällt", dachte der Bär.
Auf einmal hörte der Gesang auf. Der Bär spürte, wie etwas seine Brust zauste. „Hat dir mein Lied gefallen?", fragte die Lerche. Der Bär nickte. „Ich muss mich etwas ausruhen", sagte sie dann, kuschelte sich ins Bärenfell, und sie beide waren sehr froh.
So ging es viele Wochen, den ganzen Sommer lang. Die Freunde des Bären waren sehr erstaunt, sie verstanden nicht, warum er sein schönes neues Haus verlassen hatte. „Er ist krank", flüsterten sie, „das kann nicht gut gehen, man müsste ihm helfen."

Der Bär und die Lerche

Ehrfurcht vor dem Leben

Doch der Bär brauchte ihre Hilfe nicht. Manchmal sang die Lerche schon, wenn noch der Mond am Himmel stand. Der Bär lag unter blühenden Apfelbäumen und lauschte ihrem Lied. Er saß unter blühenden Rosensträuchern. Sie genossen zusammen die Sommerwiesen. Als die Haselnüsse reiften, wurde die Lerche unruhig.
„Bär", sagte sie, „ich kann nicht mehr, ich muss fort von hier. Ich glaube, das macht der nahende Herbst, was sollen wir nur tun?"
„Ich könnte dich wärmen", sagte der Bär. „Aber dann müsste ich verhungern, und du hättest keine Freude mehr an mir."
„Ich will dich begleiten", meinte der Bär, „bis Spanien oder Afrika, wie du willst."
„Es ist eine weite Reise, Bär, und sehr gefährlich."
„Willst du nicht lieber hier bleiben?"
„Ich komme zurück im nächsten Jahr."
„Es gibt Menschen, die Vögel fangen", sagte der Bär, „ich habe Angst um dich – und ob ich dein Lied so lange entbehren kann?"
Und weil die Lerche sich so gerne im Bärenfell ausruhte, sagte sie nichts mehr. Sie kuschelte sich an den Bären, beide schliefen tief und träumten von der gemeinsamen Reise und vom gemeinsamen Rasten. Am Morgen waren beide stark und munter. Die Lerche stieg in den Himmel und sang. Der Bär aber legte sich nicht unter Bäume, er legte sich auch nicht auf die Wiese, sondern folgte der Lerche über Wiesen, durch Felder, über Flüsse und Straßen. Am Abend suchte der Bär einen großen Eichbaum, und er legte sich darunter. Die Lerche kam herab, und sie schliefen beide aneinandergeschmiegt. Und dann ging es weiter und immer weiter, Tag um Tag. Durch viele Städte lief der Bär. Die Menschen sahen ihm nach, erstaunt, erschrocken. Dem Bären taten die Füße weh, die harten Straßen taten ihm nicht gut. Und eines Abends sagte der Bär: „Flieg du schon zu, kleine Lerche,

Der Bär und die Lerche

Ehrfurcht vor dem Leben

ich bin zu langsam. Ich spüre, es wird Schnee geben und Kälte. Flieg über die Berge in den Süden, da wollen wir uns treffen. In einer Woche, vielleicht etwas später, werden wir uns sehen. Eile, dass dich der Winter nicht einholt."
Da flog die Lerche fort. Sie sang ein Lied dabei, ein sehr trauriges Lied. Der Bär schleppte sich vorwärts und immerzu summte, brummte er der Lerche Abschiedslied. Er erreichte riesengroße Berge („Das sind die Alpen", sagten die Leute). Und dann kam der Frost und der Schnee. „Wenn ich nur fliegen könnte", seufzte der Bär, „meine Lerche wird warten." Der Bär wurde immer müder. Er setzte sich auf einen Pfad, um zu rasten, dabei schlief er ein. Der Schnee fiel so dicht, dass man die Bäume nicht mehr sehen konnte. Der Bär lag wie in einer Bärenhöhle. Er hörte das Lied der Lerche, und es war in ihm, und er träumte von warmen Ländern. Eigentlich ist die Geschichte hier zu Ende. Aber weil sie nicht so traurig aufhören soll, ist der Bär nicht gestorben und der Lerche Herz nicht vor Gram zerbrochen. Im Frühjahr, als der Schnee schmolz, reckte und streckte sich der Bär, und als er gerade überlegte, wo er eigentlich sei, da hörte er das Lied der Lerche über sich.

- **Mit wem hat der Bär seinen Geburtstag gefeiert?**
- **Was ist dem Bären wichtiger: in einem Haus zu wohnen oder dem Gesang der Lerche zu lauschen?**
- **Warum fliegt die Lerche im Herbst in den Süden?**

Die Christrose

Ehrfurcht vor dem Leben

Als die Erde geschaffen war, da war sie zuerst nackt und kahl. Deshalb pflanzte Gott Blumen und Bäume und erschuf Maikäfer, Nachtigallen, viele andere Tiere und auch den Menschen. Er pflanzte Schlüsselblumen in den Flussauen, damit sich die Hummeln an ihnen laben konnten. Er pflanzte Lungenkraut an den Waldrand als Medizin für kranke Menschen. Jedes Kraut hatte seine Aufgabe.
Im Frühjahr erwachten die Blumen, und in den Mainächten war da ein Raunen und Flüstern. Die Blüten hatten viel zu erzählen. Aber im Herbst wurde der Wald leer.
Weil Gott fand, dass der Winterwald allzu kalt und düster aussah, pflanzte er die Christrose. Die Christrose aber fühlte sich einsam.

Die Christrose

Ehrfurcht vor dem Leben

Sie konnte keinen Sinn in ihrem Leben finden. Kein Mensch, kein Tier sah sie, sie war für niemanden da. Klein und allein stand sie im dunklen Winterwald. Sie zitterte, wenn der kalte Winterwind durch die Täler brauste. Sie sah die Sterne durch die entlaubten Bäume, und sie rief den Mond, wenn er am Himmel stand.
„Mond", rief sie, „warum stehe ich hier so alleine im Wald?"
Ihre Stimme aber war so leise, dass der Mond sie gar nicht hören konnte. Nur manchmal war ihr, als lächelte er ihr zu.
Einmal kam ein Bär vorbei. „Oh, kleine Christrose", sagte er, „was blühst du im Winterwald, warum schläfst du nicht wie deine Schwestern? Es ist doch kalt, und alle Vögel sind fort. Keiner hat Muße, dich zu betrachten. Auch ich, ich gehe jetzt in meine warme Höhle."
Ehe die Christrose etwas sagen konnte, war der braune Bär davongestapft.
Ein anderes Mal trottete der Fuchs vorbei. Aus Leibeskräften schrie die Christrose den Fuchs an. Der Fuchs stutzte, ging ein paar Schritte zurück. „Ach, du bist's, kleine Christrose", sagte er, „warum schaust du so traurig aus?"
„Ich bin so allein hier", sagte die Christrose, „ich kann niemandem eine Freude machen."
„Du musst Geduld haben", sagte der Fuchs, „umsonst lebt keine Pflanze, kein Tier – ein jedes hat seine Aufgabe –, auch wenn wir sie nicht immer erkennen. Warte, kleine Christrose, auch deine Zeit wird kommen." Dann trabte der Fuchs davon.
Die Christrose seufzte: „Ich glaube ja auch, dass mein Leben nicht umsonst ist. Darum warte ich auf ein Zeichen. Aber es ist schwer, zu warten."
Auf einmal knackte es. Die Zweige brachen, und Schnee knirschte. Die Christrose erschrak. Sie schaute in zwei große Augen.

Die Christrose

Ehrfurcht vor dem Leben

„Das muss ein Mensch sein", dachte sie. Das Kind hatte sich gebückt.
„Oh", rief es, „schau her, eine Blume mitten im Winterwald."
„Es ist eine Christrose."
„Schön", dachte die Blume, „sie kennen sogar meinen Namen."
„Wir nehmen sie mit. Wir brechen sie ab und schenken sie unserer Mutter", rief das andere Kind.
Die Christrose erschrak noch heftiger als vorher.
„Nein, ich habe sie gefunden. Ich möchte, dass die Christrose hier weiterblüht. Wir können uns auch so an ihr freuen. Wir können der Mutter davon erzählen, und wir können mit ihr in den Wald gehen, ihr die Christrose zeigen."
Da war die Christrose sehr froh, denn jetzt hatte ihr Leben einen Sinn bekommen.

- Welche Tiere waren im Wald unterwegs?
- Wann blüht die Christrose?
- Hättest du die Rose doch gepflückt, um sie deiner Mutter zu bringen?
- Wo hast du schon einmal erlebt, dass Menschen Blumen abrupfen und sie dann verwelken lassen?

Das Rabenkind

8

Fremde zu Freunden machen

Viele Wochen lang hatten die beiden Rabeneltern ihre beiden Rabenkinder von morgens bis abends und von abends bis morgens versorgt. Sie hatten ihre Kinder gewärmt und ihnen Futter gebracht. Von ihrem Felsnest aus konnten die jungen Raben bis zum Meer schauen. Doch eines Tages sagte die Rabenmutter zu ihrem größeren Sohn: „Jetzt musst du die Welt kennen lernen. Wenn du genug gesehen hast, dann such dir ein großes Tal, ungefähr so wie das Tal hier. Wenn dort keiner wohnt, dann lass dich dort nieder."

Am nächsten Morgen, als die Sonne gerade über den Bergspitzen auftauchte, flog der junge Rabe davon. Er flog Stunde um Stunde, hoch über die Gipfel. Am Nachmittag erspähte er weit

8

Das Rabenkind

Fremde zu Freunden machen

unter sich auf einer Wiese einen toten Hirsch. Der Rabe hatte Hunger. Er legte seine Flügel an, und im Sturzflug erreichte er das tote Tier. Gerade wollte er sich einen Fleischhappen ergattern, da schritt ein Adler auf ihn zu. „He, du schwarzes Rabenvieh, hast du mich nicht gesehen?"
„Oh doch, guten Tag", sagte der Rabe, „aber ich dachte, du würdest nicht den ganzen Hirsch fressen wollen."
„Das lass nur meine Sorge sein", sagte der Adler. „Ich habe den Hirsch getötet, und deshalb ist es meine Beute."
Der Rabe erschauderte vor Ehrfurcht, aber dann sagte er: „Ich habe gehört, Adler, du seist der König der Vögel." Als der Rabe das sagte, merkte man, wie sich der Adler aufreckte und noch ein Stück größer wurde. „Und wenn du ein gerechter König bist", fuhr der Rabe fort, „so kannst du mich doch ein paar von den Brocken picken lassen, die zur Seite gefallen sind."
„Wenn du unverschämter Kerl nicht gleich verschwindest, werde ich dir zeigen, mit wem du es zu tun hast!" Dabei knappte der Adler bedrohlich mit dem Schnabel.
„Wenn du mir keinen Bissen gönnst, dann ziehe ich eben weiter", sagte der Rabe und erhob sich in die Luft. Als er weit oben bei den Wolken war, entdeckte er in der Ferne das Meer. Dorthin will ich fliegen. Meine Mutter hat erzählt, am Meer gibt es Futter für jeden: Muscheln, Schnecken, Krebse, Würmer, tote Fische.
Als er die Meeresküste erreicht hatte, setzte er sich auf einen Felsen. Unten polterten die Wellen, und bei jedem Wellenschlag wurden kleine Krebse und Fische angeschwemmt. „Das ist ein guter Platz", dachte der junge Rabe. Er entdeckte eine Felswand mit richtigen Balkonen und tiefen Höhlen.
„Oh", dachte er, „dort kann ich mir ein Nest bauen, ein großes Nest, so wie bei mir daheim."

Das Rabenkind

Fremde zu Freunden machen

Baumaterial würde er genug finden: Zweige, die der Fluss ins Meer gespült hat, Meeresalgen, wie Äste so stark. Der Rabe erschrak. Ein Fischotter huschte vorbei.
„Du musst dich nicht fürchten", sagte der Otter, „nicht vor mir. Aber ich hab dich ja noch nie gesehen. Sag, woher kommst du denn?" „Dort übers Meer, in den Bergen", erzählte der Rabe, „da bin ich geboren. Jetzt bin ich auf der Wanderung und such mir ein eigenes Zuhause."
„Dann bleib doch hier", sagte der Otter. „In den langen Winternächten kannst du mir Geschichten erzählen von deinen Bergen und von dem Land hinter dem Meer."
„Ich hab Hunger", sagte der Rabe, der lange nichts mehr gegessen hatte und schon ganz schwach war.
„Oh, zu Essen gibt es hier für uns beide genug", meinte der Otter. „Am Meer unten findest du alles, was dein Herz begehrt."
Der Rabe flog zum Spülsaum.
Da hörte er ein Kreischen und Schimpfen. Ein Schwarm großer Möwen kreiste über ihm.
„He, du schwarzes Vieh, was willst du hier?"
„Ich habe Hunger", sagte der Rabe, „und möchte ein paar Fische essen."
„Hunger? Wir haben auch Hunger", schrieen die Möwen.
„Gibt es hier doch nicht genug für alle?", fragte der Rabe.
„Merk dir, das hier ist unser Strand. Wenn wir dich hier fressen ließen, dann könnte doch wahrhaftig jeder kommen. Pfui Teufel", riefen die Möwen, „seht doch, wie schwarz, wie ekelhaft schwarz er ist."
„Ja", sagten die anderen, „das kommt vom Unratfressen. Verschwinde endlich, flieg zum Abfallhaufen der Menschen."
Die Möwen flogen immer dichter an ihn heran, und eine versuchte

8 Das Rabenkind

Fremde zu Freunden machen

gar, ihn auf den Kopf zu hacken. Da verging dem jungen Raben der Appetit. Als die Möwen gerade ein Stück fort waren, schwang er sich auf und flog davon. Wohin aber sollte er fliegen? Schon ging der Tag zu Ende. Er flog aufs Meer. Er wusste, das ist gefährlich. Doch ins Gebirge zu den Adlern traute er sich nicht und auch nicht zum Strand. Der Rabe flog und flog. Er sah, wie die Sonne rotglühend im Meer versank, und er hörte, wie ein Sturm aufkam. Der Sturm trug ihn immer weiter fort. Der Rabe merkte, wie ihn die Kräfte verließen.
„Ach", seufzte er. „Ich hätte gedacht, auf der Erde wäre für alle Wesen genug zu essen, genug Raum zum Leben. Wahrscheinlich ist sie nur für besondere Lebewesen da, für weiße Möwen und starke Adler. Ich werde in den Fluten versinken, und meine Mutter wird nie wieder von mir hören."
Der Rabe sank tiefer und tiefer. Unter ihm wurde es immer schwärzer. Und auf einmal merkte er, dass er Boden unter den Füßen hatte. Der Sturm hatte ihn auf eine Insel getrieben. Eine Weile sammelte er Kräfte. Dann schaute er sich um. Er entdeckte ein altes Steinhaus und sah, dass aus dem Kamin Rauch quoll.
„Ich werde mein Gefieder am Kamin trocknen", dachte der Rabe. Er flog aufs Dach und setzte sich genau da hin, wo der warme Rauch aufstieg. Er war so erschöpft, dass er gleich einschlief und durch den Kamin purzelte. Der Fischer in der Stube war zu Tode erschrocken, als er sah, dass ein Rabe in seine Stube fiel.
„Du hast mich erschreckt, Rabe", sagte der Fischer. „Lass sehen, ob du dich am Feuer verletzt hast. Hm, anscheinend sind nur ein paar Federn versengt."
„Bitte entschuldige", sagte der Rabe. „Ich wollte nicht durch den Kamin ins Haus kommen." Dann erzählte er dem Fischer, was ihn dort hingetrieben hatte.

Das Rabenkind

Fremde zu Freunden machen

„Wenn du magst", sagte der Fischer, „dann kannst du hier auf der Insel bleiben."

„Gibt es hier keine Adler?", fragte der Rabe.

„Ach, Adler fliegen nur ganz selten vorbei."

„Und Möwen?", wollte der Rabe wissen.

„Ganz im Norden an den Klippen gibt es einige. Aber ich hoffe, sie werden sich mit dir vertragen. Ich schlage vor, wir besuchen sie einmal zusammen. Die Insel hier ist zwar nicht gewaltig groß, doch für einen oder zwei Raben wird wohl noch Platz sein. Aber jetzt ruh dich aus. Ich hole dir etwas zu essen, und morgen schauen wir uns die Insel an."

- Was sagte die Rabenmutter zu ihrem Kind, als es groß war?
- Kannst du dir vorstellen, warum die Möwen und der Adler ihr Futter nicht mit dem kleinen Raben teilen möchten?
- Wie sieht es mit dir aus: Teilst du gerne mit anderen? Was würdest du auf keinen Fall mit anderen teilen und warum nicht?
- Ist es wichtig, mit anderen teilen zu können?

9 Die Fremde auf der Kanincheninsel

Fremde zu Freunden machen

Die Kanincheninsel, die ich kenne, liegt rund zweihundert Meter vom Ufer entfernt, mitten in einem großen See hoch oben in Finnland. Sicher gibt es viele solcher Inseln, auch in Deutschland, in Mecklenburg vielleicht oder auch weiter im Westen.
Es ist eine schöne Insel. Mit dem Boot könnte ein Mensch leicht dorthin gelangen. Ich habe aber noch nie gehört, dass je ein Mensch dieses Eiland betreten hätte. Am Ufer zum Land hin bilden Weiden und Birken ein dichtes Gestrüpp. Vereinzelt stehen da sechs oder acht Meter hohe Espen. Landeinwärts, wo das Gebüsch lichter wird, blühen im Herbst und Sommer rotviolette Weidenröschen, blaue Glockenblumen. Auf der anderen Seite erhebt sich ein großer Felsblock, der oben eine große offene Fläche bildet. Von der Insel her ist der Fels leicht zu erreichen. Zum Wasser hin fällt er steil ab, und nur ein oder zwei Kaninchen-

Die Fremde auf der Kanincheninsel

Fremde zu Freunden machen

pfade führen durch die Felswand. Oben auf der Hochfläche gedeihen köstliche Heidelbeeren, und da die Insel in Finnland liegt, wachsen hier auch Moltebeeren. Die sind, solange sie unreif sind, rot. Später, wenn man sie genießen kann, sind sie gelb.
Am Hang zur Landseite stehen köstliche Himbeeren. So süße, so duftende gibt es in ganz Finnland nicht noch einmal.
Abends singt das Rotkehlchen sein trauriges Lied. Voller Temperament flötet die Singdrossel, und der Dompfaff brütet dort. Vor allem aber ist die Insel das Reich der Weißohrkaninchen. Kein Kaninchen weiß, wer von ihnen die Insel als erstes betreten hat. Die einen sagen, es sei eine Kaninchenfrau mit ihrem Mann gewesen. Bei einer schrecklichen Flut seien sie dort angespült worden. Andere sagen, das ganze Volk ginge auf ein einziges Weibchen zurück. Das Weibchen sei auf dem Festland von einem Fuchs gejagt worden bis hinauf auf einen Fels über dem See. Als das Kaninchen keinen Fluchtweg mehr sah, da ist es einfach über den Fels ins Wasser gesprungen, und das Glück oder der Zufall haben es dann ans Ufer der Kanincheninsel gespült, die damals noch keine Kanincheninsel gewesen ist. Und dann hat das Weibchen Kinder bekommen, und die Kinder haben auch Kinder bekommen, bis es schließlich ganz viele Kaninchen auf der Insel gab. Und da die Urmutter zwei weiße Ohren hatte, hatten alle Kinder und Kindeskinder auch weiße Ohren. Natürlich fühlten sich dort alle Weißohrkaninchen zu Hause, und das Land sahen sie als ihr Land an, auch wenn es ihnen keiner gegeben hatte.
Zu essen gab es genug. Kein Fuchs störte den Frieden auf der Insel der Weißohren. Nur gelegentlich soll ein Habicht wie ein Blitz aufgetaucht sein und sich ein junges Kaninchen gekrallt haben, das gerade auf der Hochfläche zarte Habichtskräuter mümmelte. Doch eines Herbsttages wurde der Frieden im Staat

9 Die Fremde auf der Kanincheninsel

Fremde zu Freunden machen

der Weißohrkaninchen gestört. So jedenfalls haben es die Inselbewohner empfunden. Völlig nass und erschöpft war ein fremdes Kaninchen unterhalb der Felswand aufgetaucht, mehr angespült als angeschwommen. Ein oder zwei Stunden hat es dort gelegen, ohne sich zu bewegen. Dann, als die Sonne kräftiger schien, kam wieder Leben in seinen Körper. Es setzte sich auf seine Hinterpfoten, sah sich zuerst vorsichtig, ja ängstlich um. Nichts Gefährliches war zu sehen. Da putzte es sich seine Ohren, dann den Rücken, die Beine, bis das Fell wieder leidlich glatt aussah. Ein Weile saß es noch still, ruhte sich aus. Dann hoppelte es am Ufer entlang und fand den Pfad, der zur Hochfläche hinaufführte. Dort entdeckte es wilde Möhren, das Habichtskraut und die Heidelbeeren. Nach all den Anstrengungen, nach all der Angst tat es gut, den Magen wieder einmal zu füllen, neue Kraft in sich aufzunehmen.
Das fremde Kaninchen blieb nicht lange ungesehen. Ein junges Weißohrkaninchen entdeckte es. Es hatte Angst, als es das Fremde sah. Es lief zu seiner Mutter. Gleich hoppelte die ganze Familie zum Berg. Wie ein Waldbrand verbreitete sich die Nachricht über die Insel. Zuerst hieß es nur, ein zerlumptes Kaninchen sei an die Insel geschwemmt worden. Als die Nachricht die weise Urahne der Weißohrkaninchen erreichte, hieß es, eine ganz Schar fremder Kaninchen stürme über die Insel. Überall hinter Steinen, Grasbulten tauchten zuerst zwei lange Ohren auf, und gleich danach waren zwei große dunkle Augen zu sehen. Im Nu war das fremde Kaninchen von einer Schar weißohriger Kaninchen umzingelt. Ein paar Kaninchenkinder liefen auf das Fremde zu und riefen: „Komm, spiel mit uns." Die alten Kaninchen aber sahen finster drein. „Kommt zurück", sagten sie, „mit Fremden spielt man nicht." „Schaut doch, wie das aussieht", rief einer, „es hat ja nicht mal weiße Ohren."

Die Fremde auf der Kanincheninsel

Fremde zu Freunden machen

„Wie schmuddelig sein Fell ist", rief ein anderer.
„Und schaut, es hat blaue Augen, wie scheußlich!"
Das fremde Kaninchen saß ganz in sich zusammengekauert.
Es fürchtete sich vor den vielen Augen und traute sich kein Wort zu sagen.
„Wenn man ungebeten irgendwo eintritt, stellt man sich vor, so viel Anstand solltest du, Fremde, schon haben. Wenn du einen Namen hast, dann sag ihn uns doch."
Das fremde Kaninchen schaute sich um.
„Braunohr heiße ich", flüsterte es ängstlich.
„Bei uns spricht man laut und deutlich, merk dir das, Braunohr", raunzte es einer an.
Ein anderer sagte: „Man sieht doch gleich, dass mit dem irgendetwas nicht stimmt."
„Und was willst du hier, Braunohr?", schrie ein anderes Kaninchen, „wir haben dich doch nicht eingeladen."
„Das ist eine lange Geschichte", sagte Braunohr.
„Wir wollen keine langen Geschichten", rief ein anderes Weißohr, „wir wollen wissen, woher du kommst."
„Wir haben es gefragt, dann soll es auch reden", sagte ein Weißohr.
„Es ist eine traurige Geschichte", fing Braunohr an, „sie beginnt damit, dass die Menschen – das sind große, fast haarlose Wesen, die immer nur auf zwei Beinen hoppeln, auch wenn sie gar nichts fressen wollen –, die Menschen also wollten einen großen See bauen. Man hat erzählt, dass sie das Wasser brauchen, um damit große Maschinen anzutreiben. Mit diesen Maschinen können sie die Nacht so hell wie den Tag machen. Jedenfalls haben sie einen großen Damm gebaut und das Wasser des Forellenbachs aufgestaut. Zum Glück wohnte unsere Gemeinde

Die Fremde auf der Kanincheninsel

Fremde zu Freunden machen

unterhalb des Staudamms. Deshalb machte uns das nicht viel aus. Aber oben, wo der See entstand, wurden viele hundert Kaninchenbauten überflutet. Viele Kaninchen ertranken. Einige konnten sich retten und haben bei uns Unterschlupf gefunden. Vor zwei Tagen aber haben die Menschen den Damm geöffnet. Eine riesige Wasserwelle wälzte sich zu Tal, riss Baumstämme und Felsen mit sich, zerstörte die Burgen von Kaninchen und Murmeltieren. Auch unsere Burg wurde überflutet. Mit letzter Kraft konnte ich mich auf einen Baumstamm retten. Zuerst polterte der Stamm über Felsbrocken, schoss durch strömendes Wasser. Fragt mich nicht, was noch alles geschah. Ich weiß nur, irgendwann wurde das Wasser ruhiger. Als ich wieder bei Sinnen war, lag ich hier bei euch am Ufer."

„Das ist wirklich eine traurige Geschichte", sagte eines der Weißohrigen. „Du sollst sehen, dass auch wir keine Unkaninchen sind. Ich schlage vor, du bleibst hier, bis du dich wieder dick gefressen hast, und dann gehst du dahin, woher du gekommen bist."

„Gut hast du gesprochen", sagten die anderen Weißohren, „wir sind wahrhaftig barmherzig."

„Aber, aber", stotterte Braunohr, „wie soll ich denn zurückkommen?"

„Du bist doch auch hergekommen", sagte einer.

„Sei nicht hartherzig, du wirst Braunohr doch nicht ins Wasser werfen wollen?"

„Gut, so soll es bis zum Winter bleiben, vielleicht friert der See dann zu."

„Das wollen wir doch alle nicht, und du weißt doch, das geschieht nur alle zwei bis drei Kaninchenleben."

„Ich habe einen anderen Vorschlag", meldete sich ein Weißohr, „wir besorgen dir ein Floß. Die Biber werden uns bestimmt einen

Die Fremde auf der Kanincheninsel

Fremde zu Freunden machen

Baumstamm zuschneiden, und dann kannst du auf Fahrt gehen."
„Oh ja", riefen die Weißohrkaninchen, „das ist ein guter, ein gütiger Vorschlag."
„Wie geht denn ihr mit dem armen Ding um", meldete sich eine etwas zittrige Stimme. Es war die Urahnin der Weißohrkaninchen, die Vorsitzende des Ältestenrats. „Wo sind denn eigentlich die anderen, von denen erzählt wurde?", wollte sie wissen.
„Andere", fragten die Kaninchen erstaunt, „andere sind nicht da."
„Nun gut", sagte die Ahne, „ihr wisst doch alle, wie gefährlich eine Floßfahrt über den See ist. Wie schnell könnte Braunohr von einem Adler gefangen werden – oder von einem Hecht –, schwupp ist Braunohr weg."
„Aber Ahne", riefen einige Kaninchen, „denk daran, im Winter kann bei uns das Futter knapp werden."
„Und wer weiß, vielleicht bekommt Braunohr noch ein halbes Dutzend Kinder."
„Richtig", sagte ein anderer, „wir leben auf einer Insel, da ist der Platz begrenzt."
„Denkt daran", sagte die Ahne, „auch unsere Vorfahren waren einmal Flüchtlinge. Ich mache euch einen Vorschlag, ich habe Platz genug in meinem Bau. Braunohr kann bei mir einziehen. Ich habe eben gehört, wie spannend Braunohr erzählen kann. Ich glaube, Braunohr, du weißt noch viel mehr Geschichten." Braunohr nickte. „Und hättest du Lust, als Geschichtenerzähler bei uns zu bleiben?"
„Ja gern", sagte Braunohr, „ich möchte euch gern etwas von mir und der Welt erzählen."
„Gut, dann wirst du Geschichtenerzähler. Die Winternächte sind sehr lang. Da tut es gut, Geschichten zu hören, zu erfahren, was in der Welt so vor sich geht."

9 Die Fremde auf der Kanincheninsel

Fremde zu Freunden machen

Einige Kaninchen, vor allem die jüngeren, wackelten mit den Ohren. Bei den Kaninchen bedeutet das soviel wie das Beifallklatschen bei den Menschen.
Ein altes Kaninchen murrte: „Was sollen wir von der Welt erfahren, uns genügt unsere Insel."
„Wer weiß", sagte die Ahne, „vielleicht werden unsere Kinder einmal Lust haben, in andere Länder zu reisen, ist es da nicht gut, schon etwas von jenseits der Insel gehört zu haben?"
Es gab noch eine langes Gerede an jenem Tag, und weil Kaninchen so gern Geschichten hören und weil die Ahne im Kaninchenstaat als erfahren und weise galt, wurde ihr Vorschlag angenommen.
Braunohr aber wusste so viele und so schöne Geschichten, dass selbst die griesgrämigsten Nörgler es bald gern hatten.

- Woher kam das fremde Kaninchen?
- Warum wollen ein paar Weißohrkaninchen nicht, dass das fremde Kaninchen auf der Insel bleibt?
- Warum ist es sowohl für das braune als auch für die Weißohrkaninchen gut, dass das braune Kaninchen auf der Insel bleiben darf?
- Warum lehnen wir oft fremde Menschen oder eingewanderte Tiere wie den Wolf ab?

Sternenregen

Von einfachen Dingen

Lisa liebte ihren Bruder Ken. Eigentlich war es gar nicht ihr richtiger Bruder. Im Krieg waren Kens Eltern ermordet worden. Lisas Eltern hatten Ken in ihre Familie aufgenommen. Jetzt lebte Ken bei Lisas Eltern.
Ken war krank, so krank, dass er im Rollstuhl gefahren wurde.
„Ich möchte, dass es Ken gut geht bei uns", sagte Lisa zu ihren Eltern.
Als Ken im Mai Geburtstag hatte, sagte sie zu ihm: „Ken, du hast drei Wünsche. Ich will versuchen, sie dir zu erfüllen."
„Hm", sagte Ken, „es geht mir gut hier, eigentlich brauche ich nicht mehr. Aber lass mich mal überlegen. Ja, früher bei uns zu Hause im Garten, da gab es einen Duft. Wenn ich mit meiner

10 Sternenregen

Von einfachen Dingen

Großmutter auf der Bank vor der Küche saß, dann war er da, hüllte uns ein. Neben der Küchentür war das Beet, dort wuchsen kleine Pflanzen mit bläulich weißen Blüten, ganz klein und bescheiden. Über Tag konntest du sie überhaupt nicht riechen. Erst wenn es dunkel war, dann kam der Duft so süß, so köstlich. Dieser Duft, das ist mein Zuhause."
„Ich soll also den Duft suchen von einer Pflanze mit kleinen Blüten, die nachts duften?"
„Ach, wenn du sie nicht findest, Lisa, ist's nicht schlimm."
„Ich will's versuchen."
Lisa roch an allen Blüten, an den blauen Syringen, an den köstlich riechenden Gurken, an den Rosenblüten.
„Die Maiglöckchen, die könnten's sein", dachte Lisa. „Aber Ken hat gesagt, der Duft sei erst abends zu riechen."
Am Ausgang der kleinen Stadt wohnte Oja. Sie pflegte einen großen Garten. Vielleicht kannte sie die Blumen.
„Ja, ja", sagte Oja, „das kann nur eine Blume sein. Der Erich, mein Sohn, hat mir die Samen aus Polen geschickt. Komm heut Abend, wenn es dunkel wird. Hinten bei der Laube, da blühen und duften die Levkojen."
„Oh", jubelte Ken, „das ist der Duft unseres Gartens, das ist der Duft meines Dorfes. Ein schöneres Geschenk konntest du mir nicht machen."
„Aber du hast noch zwei andere Wünsche."
„Morgen", sagte Ken, „morgen sage ich dir einen neuen Wunsch."
„Hast du es überlegt?", fragte Lisa am nächsten Morgen.
„Ja", sagte Ken. „Ich wünsche mir eine Perle. Wenn die Sonne scheint, soll sie glitzern wie ein Diamant."
„Ich glaube, das ist ein leichter Wunsch", sagte Lisa. „Lass mich hinausgehen, ich will suchen."

Sternenregen

Von einfachen Dingen

Es dauerte nicht lange, bis Lisa wieder kam. „Komm mit", rief sie, „ich habe Perlen für dich gefunden."
Lisa schob Kens Rollstuhl durch den Garten bis zu dem Zaun vor der Wiese. Dort war ein großes Spinnennetz zwischen den Zaundrähten aufgespannt. Und an dem Netz hingen viele Dutzend glitzernde Perlen. Perlen, die das Licht der Sonne spiegelten.
„Schön sind sie", sagte Ken. „Und weißt du, was am schönsten ist? Sie entstehen jeden Tag neu, immer frisch und glitzernd. Man kann sie nicht in Schubladen verstecken. Jeder Mensch kann sich an ihnen erfreuen, aber keiner kann sie besitzen."
„Dein dritter Wunsch?", fragte Lisa.
„Ich habe mir was ganz Schweres ausgedacht. Manchmal, Lisa, wenn der Nachthimmel klar ist, dann fallen Sterne auf die Erde, Sternschnuppen. Irgendwo müssen sie doch bleiben. Bitte Lisa, such mir einen Stern, einen Glücksstern."
„Ob ich den in unserem Garten finden werde? Gib mir drei Tage Zeit, vielleicht habe ich es bis dahin geschafft."
„Ob man eine Sternschnuppe überhaupt finden kann?", überlegte Lisa.
Sie suchte im Garten, sie suchte im Wald, fragte den Vater, die Großmutter. Keiner konnte ihr helfen. Die Großmutter sagte: „Im Holunderbusch wohnen gute Geister. Frag sie doch mal."
Es war am dritten Tag. Der Holunderbusch war ein einziger Berg weißer Blüten. Sie verströmten einen starken frischen Duft.
Lisa setzte sich auf den Boden. Der Duft war so stark, dass Lisa wie betäubt einschlief und im Traumland wanderte. Dort stand ein großer Holunderbaum. Auf dem Ast saß eine Fee und baumelte mit den Beinen. „Wenn du Sterne suchst", sagte die Fee, „dann musst du nur etwas Geduld haben. Komm in drei Tagen wieder, setz dich unter den Holunderbusch und warte."

10 Sternenregen

Von einfachen Dingen

Als Lisa aufwachte, war sie sehr glücklich.
„Ken, du musst noch drei Tage warten", sagte sie, „dann werden wir deinen Stern finden."
Am dritten Tag fuhr Lisa Ken in den Garten unter den Holunderbusch.
„Sind die Sterne hier?", fragte Ken.
„Wir müssen etwas Geduld haben", sagte Lisa.
Lisa setzte sich auf den Boden, erzählte Ken von ihrem Traum. Und während sie so saßen, wirkte der Duft. Ken und Lisa sanken ins Traumland. Wieder saß die Fee auf dem Holunderzweig.
„Macht die Augen zu", sagte die Fee, „und macht sie wieder auf, wenn ich bis drei zähle." Und dann schüttelte die Fee den Holunderbaum. „Schau", rief Ken, „schau Lisa, all die vielen Sterne, die von dem Holunderbusch herunterfallen. Ein richtiger Sternenregen, kleine Holunderblütensterne."

- Warum sind Lisa und Ken Geschwister?
- Warum möchte Lisa ihrem Bruder so gerne drei Wünsche erfüllen?
- Wie lauten die drei Wünsche von Ken?
- Überlege dir, was du dir wünschen würdest, wenn du drei Wünsche frei hättest!

Die Nachtigall und der Mond

Von einfachen Dingen

Als die Erde geschaffen war mit all ihren Tieren und Blumen, mit Vögeln, Schmetterlingen und Libellen, da freute sich die Sonne, wenn es drunten auf der Erde so recht bunt zuging.
Je farbiger die Welt erschien, desto mehr freute sich die Sonne. Sie fühlte sich geschmeichelt von den Sonnenblumen, die gleich zu Tausenden nach Osten blickten, um ihr Erscheinen nicht zu verpassen.
Die Sonne hatte einfach Spaß am Spiel der Farben, vielleicht war sie auch ein wenig eitel, weil sie wusste, dass es ohne ihr Licht keine Farben gäbe. Bei Nacht war alles schwarz und grau. Deshalb ließ sie verkünden, dass sie die buntesten Wesen zu einem Fest einladen wolle, und jedes sollte seine Farben ins schönste Sonnenlicht rücken.

11 Die Nachtigall und der Mond

Von einfachen Dingen

Am Montag lud sie die Tiger, die Löwen, Zebras und Affen ein, am Dienstag die Schmetterlinge, am Mittwoch die Libellen, am Donnerstag die Tiere des Meeres, am Freitag die Orchideen, die Rosen, Tulpen und alle anderen Blumen der Erde und am Samstag, zum Abschluss der Woche, die Vögel.
Am Vogeltag ging es besonders prächtig zu, denn die Vögel waren nicht nur so bunt wie Blumen, sie verstanden es, ihre Farben besonders schön darzubieten. Der Pfau schlug ein Rad im hellen Sonnenlicht, stellte die Schmuckfedern zu einem riesigen Fächer auf und trippelte dabei mit zierlichen Schritten. Die Kolibris schwirrten zwischen den Sonnenstrahlen und glitzerten dabei wie Diamanten. Der türkisfarbene Eisvogel war gekommen, die leuchtend roten Papageien, goldgelbe Pirole. Nur ein kleiner Vogel mit großen dunklen Augen und bräunlichem Gefieder saß staunend und traurig am Rand der Lichtung. Auch er wollte sich der Sonne zeigen. Da er aber kein so farbiges Gefieder trug, hatte er sich vorgenommen, der Sonne etwas vorzusingen. Der Storch mit seinem strahlend weißen Gefieder sah den kleinen braunen Vogel. Lässig schaute er auf ihn herab. „Du hättest dir auch ein weißeres Kleid leisten können", sagte er, „für einen solchen Tag. Wie heißt du eigentlich, du kleiner Wicht?"
„Ich heiße Nachtigall", sagte der kleine Vogel.
„Ich kenne dich nicht, du musst ein sehr bedeutungsloser Vogel sein", sagte der Storch, „so unscheinbar. Du fällst doch niemandem auf."
Der stolze Pfau tuschelte zum Schwan: „Sieh dir doch diesen Schmuddelvogel an."
Sogar der kleine Stieglitz konnte es sich nicht verkneifen, abfällige Bemerkungen zu machen: „Soll ich dir vielleicht eine gelbe Feder leihen, damit du nicht so farblos ausschaust?"

Die Nachtigall und der Mond

Von einfachen Dingen

Da wurde die Nachtigall sehr traurig. Sie schlich zurück ins Gebüsch am Rande der Lichtung. Und als sie sich unbeobachtet fühlte, flog sie davon, so schnell sie konnte, Stunde um Stunde. Am Abend erreichte sie einen Fluss. An seinen Ufern standen große Weiden, da wuchsen Haselsträucher und Eichen, da wucherten Brombeeren.

„Hier will ich ausruhen", dachte die Nachtigall. Sie setzte sich auf einen Ast und begann zu grübeln. Drüben auf der anderen Seite des Flusses ging der Mond auf, eine große gelbe Kugel. „Oh", dachte die Nachtigall, „wie schön ist doch dies sanfte Licht", und sie fing an zu singen. In ihrem Lied erklang die Trauer über die Eitelkeit und Ungerechtigkeit der anderen Vögel, auch Trauer darüber, dass die Sonne sie nicht hören wollte, Trauer darüber, dass sie ein so einfaches Kleid erhalten hatte.

Der Mond hörte das Lied, und er war so entzückt, dass er seine Strahlen in alle Winkel des Landes schickte. „Sucht mir den Sänger, bitte. Ich fühle, ich muss sterben, wenn ich nicht weiß, wer so schön gesungen hat."

Die Mondstrahlen suchten auf der Wiese, sie suchten im Wald; sie durchstöberten den Stadtpark, die Hausgärten. Ein Mondstrahl glitt durch den Haselstrauch, und da entdeckte er den kleinen Vogel, sah, wie er auf einem Ast saß und unermüdlich sang, sang, obwohl es Nacht war, obwohl kein gleißendes Sonnenlicht den Tag erhellte, sondern der sanfte Mond am Himmel leuchtete. Die Nachtigall war verwundert, als es plötzlich etwas heller um sie war. Sie freute sich über das Leuchten und hörte auf zu singen. „Wie heißt du, kleiner Vogel?", fragte der Mondstrahl. „Man nennt mich Nachtigall", sagte der Vogel.

„Der Mond sucht dich", sagte der Strahl, „er möchte gern mit dir sprechen."

11 Die Nachtigall und der Mond

Von einfachen Dingen

„Der Mond?", fragte die Nachtigall erstaunt. „Nun gut, ich bin bereit."
Der Mondstrahl eilte zurück, und die Nachtigall setzte sich noch mehr nach außen ins Gezweig, damit der Mond sie auch sehen konnte. Wer genau hinguckte, konnte sehen, wie der Mond lächelte, weil er sich so freute, die Nachtigall gefunden zu haben. Und dann erzählte die Nachtigall dem Mond ihre Geschichte.
„Und wohin gehst du jetzt?", fragte der Mond.
„Ich weiß nicht", sagte die Nachtigall. „Ich mag die Angeberei der Tagvögel nicht. Irgendwo auf der Welt werde ich bestimmt Freunde finden, die mich so nehmen, wie ich bin. Freunde, die ich mit meinem Gesang erfreuen kann."
„Nachtigall", sagte der Mond, „noch nie habe ich so sanfte Lieder gehört wie die deinen. Bleib bei mir im Reich der Nacht. Wenn du müde bist, flieg zu mir herauf und lehn dich an meine Sichel."
Seit jener Zeit ist die Nachtigall ein Vogel der Nacht, und immer noch singt sie den Mond an.

- Welche Vögel erschienen am Vogeltag?
- Warum verspotten die Tagvögel die Nachtigall?
- Kennst du Vögel, die schön singen können? Wie heißen sie?
- Wie würdest du die Nachtigall trösten?

Die Suche nach Glück

Von einfachen Dingen

Johannes hatte seine Schulzeit beendet. Alle Arbeiten, alle Prüfungen hatte er bestanden. Die Mutter sagte: „Such dir dein Glück, mein Junge." Sie hatte einen Rucksack gepackt mit Brot, Käse, Äpfeln und Wäsche. Johannes wanderte aus dem Dorf. Er ging über die Feldwege, vorbei an der Scheune, in der er und seine Freunde gespielt hatten. Wo sie beobachtet hatten, wie die Turmfalken ihre Jungen mit Mäusen füttern.
Sanft stieg der Weg an. An der Kuppe, wo der Wald beginnt, setzte sich Johannes auf einen Baumstamm und schaute zum Dorf. In der Ferne sah er den Kirchturm, hörte die Glocken klingen, wie zum Abschied.

12 Die Suche nach Glück

Von einfachen Dingen

Auf den Wiesen blühten die Apfelbäume, strahlend weiß ihre Blüten. Ein köstlicher frischer Duft hauchte ihm entgegen.
Auf dem Telegrafenmast saß eine Singdrossel und sang.
„Es ist schön hier", dachte Johannes, „so schön, dass ich bleiben möchte. Doch draußen in der Welt gibt es sicher auch Schönes. Darauf bin ich neugierig. Und ich möchte mein Glück finden."
So wanderte Johannes weiter durch dunkle Fichtenwälder, lichte Buchenwälder. Er war entzückt von den Anemonen, den Maiglöckchen und den Veilchen am Boden. Er freute sich über den Fuchs, der auf den Wiesen Mäuse jagte. Für die Nächte suchte er sich günstige Schlafplätze, bis er schließlich in jene Stadt kam. Vor einer Werkstatt standen schöne, glatt polierte Autos, knallrot das eine, ein anderes pechschwarz.
„Na, willst du ein Auto kaufen?", fragte ihn der Meister.
„Warum sollte ich ein Auto kaufen wollen?", fragte Johannes, „ich suche mein Glück."
„Aber ein Auto zu haben, das ist das Glück", antwortete der Meister. „Alle Menschen wollen ein Auto haben. Damit sind sie frei, können hinfahren, wohin sie wollen und wann sie wollen. Du siehst etwas von der Welt. Du musst nicht einmal dein Bündel schleppen, kannst sogar das Geld für die Herberge sparen und im Auto schlafen."
„Ja, wenn das so ist", dachte Johannes laut nach, „dann möchte ich schon ein Auto kaufen, aber ich habe kein Geld."
„Das lässt sich leicht lösen. Wenn du willst, kannst du hier arbeiten, ich brauche gerade Hilfe. Zu wissen, wie man mit Hammer, Zangen und Schraubendrehern umgeht, kann dir auch später sehr nützlich sein."
So blieb Johannes in der Stadt, arbeitete in der Werkstatt, lernte, wie man Reifen wechselt, wie Autos abgeschmiert werden, wie

Die Suche nach Glück

Von einfachen Dingen

Motoren arbeiten. Zwei Jahre mochten vergangen sein, da konnte er sich ein Auto kaufen.

Johannes fuhr in die Schweiz, staunte über die großen Berge, die gewaltigen Gletscher, stoppte an klaren Bergseen. Und wenn er kein Geld hatte, suchte er sich Arbeit. Schließlich hatte er etwas gelernt.

Er fuhr in der sengenden Sonne Italiens, vorbei an Olivenhainen, an Apfelsinengärten, erfrischte sich im warmen Meer.

Schön war es, mit dem Auto durchs Land zu fahren, fremde Menschen zu sprechen, so viel Neues zu sehen. Aber war das wirklich das Glück, von dem seine Mutter gesprochen hatte? Einmal – er war gerade wieder einmal im Gebirge – saß er abends im Wirtshaus.

„Wisst ihr, was Glück ist?", fragte Johannes in die Runde.

„Wenn man eine Million gewinnt", sagte einer.

„Ist das allein schon Glück? Nur das Geld? Ich dachte, ich wäre glücklich, wenn ich mit dem Auto in die Welt fahren kann. Aber manchmal musste ich stundenlang in Autokolonnen warten. Und selbst wenn ich fahre, fehlt mir etwas. Der Geruch der Landschaft, die Stimmen der Vögel."

„Kauf dir einen Fernseher", sagte einer, „da siehst du etwas von der Welt. Du brauchst dich nicht über Autoschlangen zu ärgern. Du siehst sogar solche Ecken unserer Erde, die du mit dem Auto nie erreichen kannst, siehst Eisbären, Wölfe, Pinguine. Du kannst sogar das Heulen der Wölfe hören und den Gesang der Nachtigall."

„Darüber muss ich nachdenken", sagte Johannes.

Am nächsten Tag verkaufte Johannes sein Auto und erwarb ein Fernsehgerät. Er mietete sich eine Stube und sah Fernsehfilme und Berichte, von früh bis spät. Er lernte viel dabei, sah Tiere, die

12

Die Suche nach Glück

Von einfachen Dingen

er nicht einmal im Zoo finden konnte, Tiere aus den Tiefen der großen Meere. Und er sah, was er mit seinen Augen allein nie entdeckt hätte: Ameisen in ihren Bauten, winzige Milben und Spinnen. All das begeisterte ihn.

Und doch fehlte ihm etwas. Er war ja gar nicht richtig in den Bildern, nicht bei den Affen, nicht bei der Herde der Zebras. Selbst den Menschen konnte er keine Fragen stellen. Er konnte die Zebras nicht riechen, ja nicht einmal die schönsten Rosen im Film. Dieses Leben auf dem Bildschirm, das konnte nicht Glück bedeuten. Johannes ging auf den Markt und verkaufte das Fernsehgerät. Was, überlegte er, könnte für mich das Glück sein?

Als er weiter schlenderte, entdeckte er eine Amsel in einem Vogelbauer. „Wie heißt der Vogel?", fragte Johannes.

„Der Vogel", sagte der Händler, „ist eine Amsel." Johannes betrachtete den Vogel, wie er von Stange zu Stange hüpfte, hin und her, her und hin. Minutenlang. Sah, wie der Vogel versuchte, den Kopf durch die Käfiggitter zu zwängen, um in die Freiheit zu gelangen. Da hatte Johannes eine Idee. Er kaufte den Vogel und nahm den nächsten Zug, der in die Nähe seines Dorfes führte.

An der Bahnstation stieg er in einen Bus und fuhr damit bis in sein Heimatdorf. Dann eilte er die paar hundert Meter bis zum Haus seiner Eltern, umarmte die Mutter, umarmte den Vater. Sie gingen um das Haus und setzten sich in die Laube. „Schön, dass du wieder da bist", sagte der Vater. „Erzähl uns etwas von der Welt."

„Ja", sagte Johannes, „ich will euch erzählen, wie ich das Glück gefunden habe."

„Hast du es tatsächlich gefunden?", fragte die Mutter.

„Du meinst doch nicht etwa den Vogel dort im Käfig?", wollte der Vater wissen.

„Warte", sagte Johannes. Er ging zum Vogelkäfig, öffnete die Tür.

Die Suche nach Glück

Von einfachen Dingen

„Was geschieht jetzt?", fragte der Vater.
Die Amsel hüpfte aus dem Käfig auf den Gartenweg. Sie ordnete ihr schwarzes Gefieder, flog in den blühenden Fliederbusch mit den großen dunklen Blütentrauben, der neben der Laube stand.
„Wartet, und seid ganz leise", flüsterte Johannes.
Die Amsel fing an zu singen, lange flötende Melodien. Nach einer Weile flog sie zur Laube, setzte sich auf Johannes' Schuh.
„Ich glaube, das ist Glück, Mutter, das Lied der Amsel, zu erleben, wie sie ohne Scheu zu uns kommt, und der Duft des Flieders. Und das alles hier bei euch in der Laube."

- Was hat Johannes' Mutter zu ihm gesagt, als er mit der Schule fertig war?
- Beschreibe, worüber du dich einmal sehr gefreut hast.
- Was ist für Johannes Glück?
- Warum, glaubst du, war es wichtig für Johannes, dass er die große Reise unternommen hat?

Der Traumfisch

Traum und Hoffnung

Wo Nico wohnt, da gibt es keinen Winter, und die Tage sind immer gleich lang, ob zu Weihnachten oder im Juni. Die Wälder sind das ganze Jahr über grün, und das Wasser ist fast so warm wie in der Badewanne.
Nicos Eltern haben ein kleines Holzhaus auf einem Steg mitten im Wasser ganz am Rande der Stadt.
Einmal hatte Nico eine Angelschnur ins Wasser gelassen. Plötzlich spürte er in seiner Hand ein Zucken. Nico zog die Schnur hoch und holte einen kleinen silbernen Fisch auf den Steg. Nico ärgerte sich, dass der Fisch so klein war, und wollte ihn töten. Da sperrte der Silberfisch seinen Mund auf. „Lass mich leben, Nico!", sagte er. „Ich bin doch so klein. Ich will dir auch etwas schenken."
„Du willst mir etwas schenken?", staunte Nico.

Der Traumfisch

Traum und Hoffnung

„Geld und Silber habe ich selbst nicht, aber ich kann dir eine Geschichte schenken. Wenn du mich isst, wirst du sowieso nicht satt."
„Aber ich kann dich als Köder gebrauchen und dann einen ganz großen Fisch fangen."
„Das ist wahr. Aber wenn du den großen Fisch gegessen hast, ist alles wie vorher."
„Aber ich hab doch so Hunger, Silberfisch", sagte Nico.
„Ich weiß, eine Geschichte macht dich nicht satt. Aber vielleicht kannst du sie weitererzählen. Und wenn die Menschen Spaß daran haben, so werden sie dich dafür belohnen. Sie geben dir eine Mango, eine Papaya, eine Avocado oder ein Stück Brot. Du brauchst nur auf den Steg zu kommen, und dann pfeifst du wie ein Coacovogel, und schon bin ich bei dir und erzähle dir eine Geschichte – oder einen Traum."
„Einen Traum", staunte Nico.
„Weißt du, Nico, manchmal wenn ich ganz fest an meine Träume denke, ich glaube, dann nützen sie wirklich was, ein bisschen jedenfalls. Manchmal träume ich, dass sich die Menschen ändern. Ich träume, dass die Fische, die Vögel, die Blumen ihre Freunde werden. Ich träume, dass sie keine Säuren mehr in unsere Stuben gießen, keinen Abfall in unsere Häuser werfen."
„Und wovon soll ich träumen?", fragte Nico.
„Du, Nico, sollst von einem Land träumen, in dem keine Kinder getötet werden. Von einem Land, wo alle Kinder genügend zu essen haben. Von Städten, in denen Kinder spielen können."
„Und was nützt mir so ein Traum?"
„Wenn du das nicht träumst, Nico, dann wirst du es nie erleben. Ganz fest musst du an deine Träume glauben, dann werden sie wahr." Nico beugte sich vom Steg herab. Langsam ließ er Wasser in seine Hand strömen, bis der kleine Silberfisch schwimmen

13 Der Traumfisch

Traum und Hoffnung

konnte. „Schwimm fort", sagte Nico, „und sei mein Freund – und vergiss nicht, was du versprochen hast."

„Ich glaube, Nico, m e i n Traum ist schon ein wenig in Erfüllung gegangen", sagte der Fisch, „weil du mein Freund geworden bist. Wir werden uns bestimmt wiedersehen. Du weißt ja, du musst pfeifen wie der Coacovogel."

- Wo lebt Nico mit seinen Eltern?
- Warum hat Nico den Fisch wieder frei gelassen?
- Denk dir eine Geschichte zum Verschenken aus!
- Warum ist es gut, Träume zu haben, auch wenn sie nicht alle in Erfüllung gehen?

Sarah

Traum und Hoffnung

Sieben Jahre hatte Sarah gewartet, 7-mal hatte der Kirschbaum geblüht, 7-mal hatte sie den Garten bestellt, hatte Weizen gesät, Kartoffeln gesetzt, und 7-mal auch hatte der Rosenbusch seine Blüten entfaltet, den ihr Franjo neben die Gartentür gepflanzt hatte, an jenem Tag, als er fortging. Sarah hatte geweint damals. Aber sie wusste, sie konnte ihn nicht zurückhalten, sie wusste, Franjo wollte in die Welt, und sie war zurückgeblieben. Sie konnte das Haus, den Garten, die Schar Hühner nicht verlassen, nicht ihre Ziegen – das jedenfalls glaubte sie zu jener Zeit.
Sarah hatte viel gewartet – Nächte, Tage, Wochen, Monate, lange Sommertage und lange Winternächte –, Franjo war nicht

Sarah

Traum und Hoffnung

gekommen. Und ihr war, als hätte sie all die Zeit gar nicht gelebt. In diesem Frühjahr trieb der Rosenbusch nur kleine Blätter. Und als der Sommer nahte, entdeckte Sarah keine einzige Blüte. Sie behütete den Rosenstrauch, tränkte ihn mit Tränen. Doch der Sommer verging, und als die Blätter zu welken begannen, war noch immer keine einzige Knospe erschienen.

Da schnürte Sarah ihr Bündel, suchte sich Brot und Äpfel, getrocknete Pflaumen zusammen, ließ die Hühner in den Garten, öffnete den Ziegenstall. Einmal noch ging sie am Rosenstrauch vorbei, dann machte sie sich auf den Weg. Je weiter sich Sarah von ihrem Haus entfernte, desto eintöniger wurde die Landschaft. Da waren leere Felder, wie verbrannt. Kein Hase, kein Reh und kein Vogel ließen einen Laut ertönen.

Gegen Abend aber hörte sie auf einmal lautes Palavern, Krähen und Krächzen – kjark und kjah. Ein großer Schwarm Saatkrähen saß auf einem Feld. Eine Krähe ging auf Sarah zu, verbeugte sich vor ihr und sagte „krok". „Grüß dich Krähe", sagte Sarah, „kennst du die Gegend?"

„Ein wenig", sagte die Krähe, „wir kommen weit von Osten. Aber was suchst du denn?"

„Ich suche Franjo."

„Franjo? Lass mich überlegen", sagte die Krähe. „Nein, ich will meine Freunde fragen." Sie ging zu den anderen Krähen, die sagten „krox" und „krah", und ihr Palavern wurde immer lauter. Nach einer Weile kehrte die Krähe zu Sarah zurück. „Sie haben ihn gesehen", sagte die Krähe, „sie meinen, er sei in der Stadt gewesen. Du musst dort über den Hügel gehen."

Sarah ging weiter, sie sah keine Menschen, keine Tiere, und die Bäume waren kahl und leergefegt. Auf dem Hügel saß ein Fuchs. „Grüß dich, Fuchs", sagte Sarah, „hast du Franjo gesehen?"

Sarah

Traum und Hoffnung

„Franjo?", sagte der Fuchs, „Franjo?"
„Das ist ein Mensch."
„Ja, ich hab ihn gesehen. Willst du ihn treffen?"
„Ja", sagte Sarah, „wir haben uns verabredet."
„Hör", sagte der Fuchs, „wenn du dort in die Ebene hinuntergehst, kommst du an einen Fluss. Wenn du dem Fluss folgst, kommst du in eine Stadt. Da frag mal weiter. Aber es ist ein trauriger Fluss und eine traurige Stadt, wir hoffen schon lange auf den Frühling. Gut, für uns Füchse ist das Leben ohne Menschen ganz schön."
„Was ist denn geschehen?", fragte Sarah. Aber der Fuchs war schon fort.
Sarah stieg in die Ebene. Sie erreichte den traurigen Fluss. In seinem Wasser schwammen keine Fische, und kein Kraut wuchs an seinem Grund. Als Sarah die Stadt erreichte, tauchte plötzlich ein großer Wolf vor ihr auf. Sarah zuckte zusammen.
„Du musst nicht erschrecken", sagte der Wolf, „Aber sag, was machst du denn hier. Ich dachte, es gäbe keine Menschen mehr."
„Keine Menschen mehr?" Entsetzt sah Sarah den Wolf an.
„Hast du nicht von dem großen Krieg gehört?"
„Krieg?", fragte Sarah, „nein."
„Die Menschen haben alles zerstört. Die Wälder, die Flüsse, die Pflanzen, die Tiere, ihre Dörfer, ihre Städte und sich selbst."
„Und jetzt", sagte Sarah, „jetzt gibt es keine Menschen mehr?"
„Ja", sagte der Wolf, „bis auf Franjo und die Kinder."
„Franjo lebt?", fragte Sarah.
„Da hinten am Rande der Stadt."
„Und er hat Kinder? Hat er denn eine Frau?"
„Er hat die Kinder gefunden, in Trümmern, einen Jungen und ein Mädchen. Ich habe die Kinder gesäugt, bis Franjo sie entdeckte."
„Wo?", fragte Sarah, „wo sind sie? Ich muss sie sehen."

14 Sarah

Traum und Hoffnung

„Ich führe dich zu ihnen."
Am Rande der Stadt stand ein einziges kleines Haus mit Dach. Es hatte helle Fenster, und zum Schornstein quoll weißer Rauch heraus. Vor dem Haus im Hof wuchs ein großer Kastanienbaum. Sarah sah, dass die Kastanie noch lebte, der Baum hatte dicke Knospen. Und als Sarah und der Wolf die Hoftür erreichten, kamen die Kinder heraus, und gleich darauf stand Franjo vor der Tür.
„Sarah", rief Franjo, „endlich hast du mich gefunden. Ich konnte nicht heim, ich konnte die Kinder nicht allein lassen."
„Ich bin ja da", sagte Sarah.
„Und was werden wir tun?"
„Leben", sagte Sarah. „Wir werden pflanzen und säen, wir werden die Erde wieder bewohnbar machen für Menschen und Tiere."
Und während sie noch dastanden, während sie sich umarmten, da sprangen die Knospen des Kastanienbaumes auf, seine Blätter entfalteten sich, und die Blüten leuchteten wie Kerzen.

- Wie lange hatte Sarah schon auf Franjo gewartet?
- Warum hat Sarah ihr Haus verlassen?
- Wer hat Sarah erzählt, wo sie Franjo suchen kann?
- Kennst du eine Geschichte, in der ein Wolf Menschenkinder aufzieht?

Die Flöte

Traum und Hoffnung

Es war einmal ein alter König, der regierte eine große, reiche Stadt. Aber die Menschen in dieser Stadt waren traurig, denn die Häuser waren grau. Es gab keine Bäume in der Stadt und keine Vögel, und es gab auch keine Beete mit Blumen. Sogar die Kinder hatten schon lange aufgehört, Lieder zu singen. All das machte den alten König trübsinnig. Schließlich wurde er davon so krank, dass er den Tod kommen sah. Da ließ er nach seinem Sohn rufen.

„Mein Sohn", sagte der König, „wir haben eine reiche Stadt, aber die Menschen in ihr sind traurig, und sie wissen nicht, wofür sie leben. Ich kann das nicht mehr ändern, aber du musst mir versprechen, dass du die Menschen wieder glücklich machst."

Die Flöte

Traum und Hoffnung

Der junge König wusste nicht, wie er das tun sollte. Aber da er seinen Vater gern hatte und da er sah, wie krank er war und wie sehr ihn das Reden anstrengte, versprach er ihm, seinen Wunsch zu erfüllen.

Am nächsten Tag rief der König wieder nach seinem Sohn. „Ich muss dir erzählen, wie es gekommen ist", sagte er, „komm ein bisschen näher, denn ich habe Mühe mit dem Sprechen. Vor vielen Jahren", begann der alte König, „da war unsere Stadt schön. Es war die schönste Stadt weit und breit. Überall gab es Parks mit großen Bäumen, es gab Seen und Teiche, in denen die Kinder im Sommer baden konnten. Aber die Bürger der Stadt waren arm, sehr arm sogar. Darum schickte ich Boten in alle Länder, sie sollten jemanden suchen, der uns beraten kann, der uns sagt, wie wir Geld verdienen können, um alle unsere Kinder und Bürger satt zu machen. Aber sie fanden niemanden. Bis eines Tages ein junger Bursche zu mir kam. Er gefiel mir nicht. Er hatte einen stechenden, bösen Blick. ‚Du möchtest, dass deine Stadt reich wird. Dabei kann ich dir helfen', sagte der Bursche, ‚aber du weißt, auf dieser Welt gibt's nichts umsonst.'

‚Was forderst du?', fragte ich ihn. – ‚Deine Seele, mehr nicht.' – ‚Meine Seele? Die soll ich weggeben? Komm in drei Tagen wieder, dann verhandeln wir weiter.'

Ich überlegte und überlegte. Die Menschen in der Stadt hatten keine Arbeit, die Kinder hungerten. Ich wusste keinen Ausweg. Schließlich sagte ich ‚top', der Vertrag gilt.

In den nächsten Tagen, Wochen und Monaten, da war ein Werken und Schaffen in der Stadt. Wo einst Parkbäume standen, wuchsen Fabriken aus dem Boden. Es tat mir weh damals, aber was hätte ich tun sollen? Und die Stadt wurde immer reicher und die Menschen zur gleichen Zeit freudloser. Die Stadt wurde grau, und die

Die Flöte

Traum und Hoffnung

Vögel wichen, und bald schien nicht einmal mehr die Sonne, weil der Qualm aus den Fabrikschornsteinen die Stadt verdunkelte. Jetzt hatten die Menschen zwar Arbeit und Essen, aber sie hatten keine Freude am Leben. Es gab keine Blumen, keine Vögel, kein sauberes Wasser mehr. Da traf ich den jungen Burschen mit dem stechenden Blick noch mal. ‚Du hast mir Reichtum versprochen. Du hast aber nicht gesagt, dass du auch die Blumen und die Vögel mitnimmst. Nimm dein Geld, und gib uns die Blumen zurück.' Der Bursche lachte höhnisch: ‚Der Vertrag gilt. Und deine Blumen und Vögel kannst du nur mit der Zauberflöte zurückbekommen. Die aber findest DU nie!' Und mit einem meckernden Lachen verschwand er, wie er gekommen war. Ja, Geld haben wir bis heute, aber glücklich sind die Menschen nicht. Ich bin zu schwach heute zum Weitersprechen, aber morgen, morgen will ich dir von der Zauberflöte erzählen, mit der du die Vögel und die Falter in die Stadt zurückholen kannst und die Fische zurück in den Fluss."
Am nächsten Tag ging der junge König wieder zu seinem Vater. Er setzte sich an sein Bett, aber der Vater schlief.
„Vater", sagte er, „erzähl mir, wie ich die Flöte finde, mit der ich die Vögel zurückholen kann."
Aber der Vater wachte nicht mehr auf. Der junge König fragte überall herum, er fragte die Minister, er fragte die Weisen, aber keiner wusste Rat. Deshalb beschloss er, die Stadt zu verlassen. Er wollte die Bauern auf dem Feld fragen, die Holzfäller im Wald. Und so ritt er über Wiesen und durch Wälder. Oft musste er absteigen und sein Pferd führen. Nachts legte er sich unter einen Baum und schlief, und sein Pferd bewachte ihn. Nach einigen Tagen kam er an einen großen Fluss. Dort begann das Land des Riesen Immu. Als der Riese den jungen König sah, rief er zu ihm hinüber.
„He, was willst denn du hier?"

15 Die Flöte

Traum und Hoffnung

„Ich möchte über den Fluss", sagte der junge König, „ich suche den Flötenmacher."
„Den Flötenmacher?", fragte der Riese, „Meinst du Manu aus dem Rabenland? Bis dahin ist noch ein weiter Weg. Wenn du mir alle deine Schätze gibst, will ich dich in meinem Kahn über den Fluss bringen."
Der junge König holte sein Taschentuch hervor, öffnete es und sagte: „Diese Edelsteine hier sind alles, was ich habe."
„Gut", sagte der Riese, „der Handel gilt."
Und er holte den König und sein Ross auf die andere Seite des Flusses.
Und während das Pferd Gras und Klee fraß, suchte sich der junge Königssohn Pilze und Beeren, und er trank vom Wasser der Bäche. An einem Abend kamen sie an eine große Wüste. Da legten sie sich schlafen. Groß und rund stieg der Mond am Himmel auf. Und als er ganz oben am Himmel stand, sah der Königssohn plötzlich, wie ein riesengroßer Drache auf sie zukam. Zuerst hatte er fürchterliche Angst. Aber als sich der Drache vor ihm niederließ, blieb der Königssohn ganz ruhig.
„Was sucht ihr denn hier?", fragte der Drache. „Wisst ihr nicht, dass ihr durch das Reich des Riesen Immu gekommen seid?"
„Schon", sagte der Königssohn, „aber er hat uns doch selbst über den Fluss gebracht!"
„Und wohin wollt ihr?"
„Ich suche den Flötenmacher im Rabenland."
„Den Flötenmacher, das ist aber noch sehr weit. Wenn du mir dein Ross gibst, dann will ich dich hinbringen."
Dem Königssohn tat es sehr Leid um sein Pferd, aber es blieb ihm keine Wahl. Er wollte doch die Menschen in seiner Stadt erlösen. Also verabschiedete er sich von seinem Ross, setzte sich

Die Flöte

Traum und Hoffnung

auf den Drachen, und ab ging es durch die Luft. Nach einer Stunde ungefähr landete der Drache auf einer großen grünen Wiese. „Wir sind da", sagte er. „da hinten, siehst du das Haus, dort wohnt der Flötenmacher."

Kaum war der Königssohn abgestiegen, flog der Drache schon davon. Der Königssohn ging weiter und kam an das Haus. Ein alter Mann saß davor und schnitzte an einer Flöte. Der Mann blickte erstaunt auf. „Woher kommst du denn?", fragte er den Königssohn. „Ein Mensch – hier im Rabenland?"

Da erzählte der Königssohn, wie es ihm ergangen und warum er gekommen war.

„Ich glaube, ich kann dir helfen", sagte der Flötenmacher, und er ging zu einer großen Kiste, wühlte darin herum, und schließlich hatte er eine kleine Holzflöte in seiner Hand.

„Versuch einmal, ob du darauf spielen kannst", sagte er.

Der Königssohn nahm die Flöte, setzte sie an die Lippen, und helle, klare Töne sprudelten aus ihr hervor. Plötzlich sahen sie einen Schatten vor der Tür. „Hast du mich gerufen?", tönte eine dunkle Stimme. Ein großer Rabe war angekommen.

„Nicht ich", sagte der Flötenmacher, „hier, der junge Königssohn war es. Willst du ihn nach Hause bringen?"

„Kraks", sagte der Rabe.

Der Königssohn verabschiedete sich von dem Flötenmacher. „Eigentlich hätte ich dir bei deiner Arbeit noch gern zugeschaut", sagte er, „aber die Menschen warten auf mich."

Also setzte er sich auf des Raben Rücken. Der erhob sich, umkreiste noch einmal das Haus des Flötenmachers und stieg dann immer höher und höher. Die Bäume waren nur noch so groß wie Streichhölzer und die Seen so groß wie eine Waschschüssel.

„Wohin willst du eigentlich?", fragte der Rabe.

15

Die Flöte

Traum und Hoffnung

„Nach Blumenau", sagte der Königssohn.
„Da sind wir ja ganz richtig", antwortete der Rabe, „halt dich gut fest, wir sind schon gleich da. Erkennst du die Kirche da unten?"
„Oh ja", sagte der Königssohn, „das ist tatsächlich Blumenau."
Der Rabe legte die Flügel an, und sie landeten direkt auf dem Marktplatz von Blumenau. Es rauschte gewaltig über dem Kirchplatz. Die Leute flohen entsetzt, als sie den großen Vogel kommen sahen.
„Willst du dich etwas erfrischen?", fragte der Königssohn.
„Wir können zu uns auf die Burg gehen."
Aber der Rabe dankte. „Nein", sagte er, „ich habe es eilig, ich muss zurück. Ich wünsche dir viel Glück, und achte gut auf deine Flöte. Du weißt ja, sie ist unersetzlich."
Der Königssohn ging zu dem großen Brunnen vor der Kirche. Dort trank er von dem klaren Wasser. Gleich fühlte er sich wieder frisch und bereit zu neuen Taten.
„Ich werde nicht auf das Schloss gehen, nicht zuerst", sagte er zu sich. „Zuerst will ich die Vögel holen."
Er ging hinaus vor die Stadt, spielte auf seiner Flöte.
Eine Amsel kam angeflogen und schaute neugierig, was da los sei. Sie wollte wieder fort, aber sie war von dem Flötenspiel so gebannt, dass sie dem Königssohn folgen musste. Es kamen Meisen und Kleiber und Finken, Pirole, Wiedehopfe. Von überall kamen die Vögel. Da war ein Brausen und ein Gesang in der Luft.
Als die Vogelschar beisammen war, da ging der Königssohn langsam auf die Stadt zu. Das Stadttor öffnete sich von selbst, und die Vögel folgten ihm. Die Leute in der Stadt sperrten Augen, Mund und Nase auf. Und die Kinder klatschten vor Freude in die Hände, sangen und jubelten. Und alle sprachen sie von dem jungen Mann mit der Wunderflöte.

Die Flöte

Traum und Hoffnung

Manche sagten: „Er sieht fast aus wie der Königssohn." Doch sie erkannten ihn nicht.

Der Königssohn ging am Abend nicht nach Hause, sondern schlief vor der Stadt unter einem Busch. Schon in der Nacht fing er wieder zu spielen an. Glühwürmchen kamen zu ihm und Grillen, es kamen Falter und Spinnen. Als der Morgen nahte und die Sonne stärker wurde, flogen immer mehr bunte Falter herbei, Admirale, Füchse, Schwalbenschwänze. Als die Schar groß genug war, da ging der Königssohn wieder auf die Stadt zu. Um ihn herum torkelten und tanzten tausende Schmetterlinge. Heuschrecken, Spinnen und Käfer liefen hinter ihm her. Und auch diesen Zug führte er durch das Tor in die Stadt hinein. Die Leute wussten wieder nicht, was sie sagen sollten. Einige Vögel flogen zu ihm und sagten:
„Du hast uns in die Stadt geholt, Königssohn, aber sag uns, was wir fressen sollen, sag uns, wo wir unsere Nester bauen sollen."
Da ging der Königssohn durch die Fabrikgelände, die schon stillgelegt waren. Er spielte auf seiner Flöte. Die Mauern zerfielen, wurden zu Erde, und aus der Erde wuchsen die schönsten Blumen, und blühende Sträucher reckten sich empor.
„Jetzt kann man hier wieder leben", dachte der Königssohn. Langsam ging er durch die Stadt. Doch als er auf der Brücke stand und in den Fluss sah, entdeckte er, wie tot das Wasser immer noch war. „Es fehlt doch noch etwas", fiel ihm ein, „ich muss auch noch die Fische holen."
Dieses Mal musste er weit laufen. Draußen vor der Stadt gab es keine Fische mehr. Er musste bis ins Gebirge. Dort spielte er auf seiner Flöte, und viele hundert Fische kamen herbeigeschwommen, sahen aus dem Wasser heraus. Er ging am Ufer entlang, immer weiter, bis er schließlich die Stadt erreichte. Und als er wieder von der Brücke schaute, da war das Wasser ganz klar, es

15 Die Flöte

Traum und Hoffnung

blühten Seerosen und Wasserhahnenfuß im Fluss. Und die silbernen Fische tummelten sich in dem kühlen Wasser. Dann erst ging der Königssohn heim, und alle redeten auf ihn ein, die Wachen, die Minister: „Hast du gesehen, weißt du schon, dass die Vögel zurück sind, die Schmetterlinge, die Fische?" Weil der Königssohn so gar nicht überrascht war, stutzten sie und fragten: „Warst du es etwa doch? – Komm", riefen sie, „wir wollen ein großes Fest feiern."
„Ja", sagte der Königssohn, „wir haben Grund dazu. Aber zunächst muss ich einmal schlafen, ich bin schrecklich müde." Während der Königssohn schlief, schmückten die Leute ihre Stadt, das Schloss, die Kirche, überall war Vogelgesang, überall blühten Blumen, und überall flatterten Falter. Als endlich das Fest begann, da trat sogar die Sonne hinter dem Dunstschleier hervor, sie war so schön wie noch nie zuvor.

- Warum waren die Leute in der Stadt trübsinnig?
- Warum hat der alte König seinen Sohn weggeschickt?
- Wem musste der Königssohn sein Pferd geben?
- Wer war der Bursche mit dem stechenden Blick?
- Hättest du viel Geld, was würdest du damit für die Natur tun?

Anton und der Specht

Traum und Hoffnung

Als Nadu über das Tal flog, da kletterte gerade die Sonne über dem Berg empor. Nadu schlug noch kräftiger mit den Flügeln. Nachdem er die Flügel angelegt hatte, glitt er in einem weichen Bogen nach unten. Dabei rief er laut „Brrr, brrr, brrr", dass es durch den Wald hallte. Nadu war ein Schwarzspecht. Er war schwarz wie eine Krähe und auch ungefähr so groß. Aber er hatte hellgelbe Augen und einen roten Scheitel, der in den Morgenstrahlen der Sonne leuchtete. Eine Lust war es, an diesem Aprilmorgen in der Luft zu baden.
Nadu hatte eine alte Schlafhöhle hinter dem Berg bei dem Dorf. Die Menschen hatten den Wald gefällt bis auf einige Bäume. Auch Nadus Höhlenbaum war stehen geblieben. Die alte Höhle war zwar noch gut zum Schlafen, nicht jedoch um dort Kinder aufzuziehen.

16 Anton und der Specht

Traum und Hoffnung

Nadu landete in der Spitze einer großen alten Buche und schmetterte laut sein „Kiäh, kiäh – hier bin ich." Im selben Moment schaute er in die Tiefe und erschrak. Vom Fuß des Baumes her ertönte ein schrecklicher Lärm. Nadu sah, wie Anton der Bauer aus dem Dorf nach oben schaute. Anton setzte die Säge ab. Der Schwarzspecht ließ sich nach unten fallen, fing sich über dem Boden ab, krallte sich an den dicken glatten Buchenstamm und schaute Anton an.
„Ich muss den Baum fällen", sagte Anton, „Vater braucht Feuerholz für den nächsten Winter. Und dieser Baum ist doch nichts mehr wert. Uralt ist er. Und auch schon etwas morsch."
„Das ist es ja gerade, diese uralten Bäume, die sind für uns Tiere die besten Wohnungen. Du musst sie dir mal anschauen, Anton."
Anton guckte am Stamm hoch. „Na ja", sagte er ein paar Mal. „Die Äste hat der Blitz schon zerschlagen. Ehrlich gesagt, so genau habe ich da noch nie hingeguckt."
„Weißt du, wer den Baum gepflanzt hat?"
„Das muss schon lange her sein. Vielleicht war es mein Ururur-großvater. Schade, dass wir in diese alte Zeit nicht mehr hineinschauen können." „Oh, das könnte sich ändern", sagte Nadu.
„Du meinst, wir können in die Vergangenheit sehen?"
„Und nicht nur das, wir Schwarzspechte kennen eine geheimnisvolle Pflanze. Wer die bei sich trägt, der kann in verschlossene Räume sehen, in Zeiträume, aber auch in wirkliche Räume, in Höhlen vielleicht. Lass uns einen Handel machen, Anton. Ich besorge dir die geheime Pflanze, sie heißt Springwurz. Und du lässt diesen Baum stehen."
„Ich werde schon einen anderen finden", sagte Anton.
„Gut", sagte Nadu, „morgen früh, gleich nach Sonnenaufgang treffen wir uns hier, unter diesem Baum."

Anton und der Specht

16

Traum und Hoffnung

Am nächsten Tag, kaum war die Sonne über dem Berg, stand der Bauer an der Buche. Nadu kam angeflogen. Er hatte die Springwurz im Schnabel.

„Du musst kräftig daran riechen", sagte Nadu zu Anton, „dann wirkt der Zauber." Anton roch, tief, ganz tief. Er spürte, wie es in seinen Armen und Beinen prickelte, und auf einmal war er so klein wie der Specht. Anton erschrak. „Wie komme ich heute Abend zu Katrin?"

„Keine Angst", sagte der Schwarzspecht, „der Zauber wirkt nur bis zum Sonnenuntergang. Aber da, nimm die Springwurz. Du darfst sie nicht verlieren, und ohne sie werden wir nicht viel sehen. Setz dich auf meinen Rücken, es geht nach oben."

Anton klammerte sich fest, und im Schleifenflug flog Nadu in die Spitze der Buche. Dort setzten sie sich auf einen dicken Ast. Anton kletterte von Nadus Rücken, setzte sich und ließ die Beine nach unten baumeln.

„Jetzt werden wir zunächst einmal in vergangene Zeiträume schauen", sagte Nadu. „Ich glaube, hier oben ist ein guter Platz. Aber erschrick nicht. Je weiter wir zurückgehen, desto kleiner ist der Baum, umso näher kommen wir dem Boden."

„Oh, da unten ist meine Großmutter beim Beerensammeln", sagte Anton. „Ich habe sie noch gekannt. Und da mein Großvater. Er vergräbt irgend etwas unter dem Baum. Es sieht wie eine Uhr aus."

So sanken sie immer weiter nach unten und sahen immer neue alte Zeiten. Sie sahen Soldaten, Händler, die mit Pferdekarren vorbeizogen, vollgeladen mit Körben und Krügen. Sie sahen auch, wie eine Räuberbande vorbei schlich. Sie sahen Bauern, die auf dem Feld pflügten mit einer Kuh vor dem Pflug. Auch Holzfäller sahen sie. Und Anton bekam schon etwas Angst, dass sie ihren Sitzbaum fällen könnten. Schließlich saßen sie nur noch drei oder

Anton und der Specht

Traum und Hoffnung

vier Meter über dem Boden. Da polterte eine Postkutsche den Weg entlang. Ein Junge öffnete die Tür und stürzte heraus. „Dieser schöne Wald", rief er, „horch, die Drosseln und der Kuckuck."
„Den Jungen habe ich auch schon mal gesehen", sagte Anton, „aber ich weiß nicht wo?"
Dann pfiff der Knabe eine lustige Melodie.
„Jetzt, weiß ich's", sagte Anton, „das ist Mozart. Und was er pfeift, ist die Kindersymphonie. Ich erkenne den Kuckuck und die Wachtel."
Fast war es Mittag geworden. „Geht es noch weiter?", fragte Anton. „Wenn wir wollen", meinte Nadu, „aber ich möchte dir noch mehr zeigen. Nicht nur das Gestern, sondern das Heute." Kaum hatte Nadu das gesagt, hatte der Baum wieder seine alte Größe erreicht, und sie saßen hoch über dem Boden.
„Mir scheint", sagte Anton, „als wären die Anemonen und die Veilchen dieses Jahr viel schöner, viel größer, viel üppiger als in den Jahren zuvor."
„Ist es vielleicht, weil du genauer hinschaust oder mit mehr Liebe, Anton? Horch", sagte Nadu, „hörst du die Stimme?"
„Meinst du die Singdrossel?", fragte Anton.
„Nein, sie kommt aus dem Baum. Die Buche raunt uns etwas zu. Sie freut sich über deinen Besuch. Sie lädt uns ein, ihr Inneres zu erforschen."
Nadu und Anton kletterten etwas tiefer. Da schauten sie zwei große runde Augen an. Der Waldkauz blinzelte verschlafen.
„Ach, ihr seid's", sagte er. „Da brauche ich ja keine Sorge zu haben."
Und er verschwand wieder in der Höhle. Ein wenig tiefer war noch ein Schlafzimmer. „Komm", sagte Nadu.

Anton und der Specht

Traum und Hoffnung

„Was piepst denn hier so?"
„Fledermauskinder. Schau, und die Fledermäuse hängen da am Höhlendach."
Anton wunderte sich, dass ihm vor den Fledermäusen überhaupt nicht gruselte. Sie hatten ein so weiches Fell, dass er sie am liebsten gestreichelt hätte. In der nächsten Höhle war der Siebenschläfer zu Hause. Er wirkte ungnädig und knurrte Anton und Nadu an. Durch die Wand hindurch hörten sie ein Brummen und Summen. Da wohnten Bienen. Sie waren heute besonders munter und flogen zu den Weidenkätzchen unten am Wegrand. Nadu und Anton besuchten den Kleiber, die Blaumeise, sie schauten bei der Hohltaube rein, beim Marder, beim Eichhörnchen und vergaßen auch nicht, einen Blick in die Nachtfalterhöhle zu werfen.
„So viele Höhlen in einem Baumstamm", sagte Anton, „das hätte ich nie geglaubt."
„Das ist noch lange nicht alles. Wenn wir in die winzig kleinen Gänge hineingingen, dann sähen wir noch viel mehr: Die dicken weißen Käferlarven, die zu wunderschönen Bockkäfern werden mit langen Fühlern."
„So ein Baum ist ja ein richtiges Wohnhaus", sagte Anton.
„Aber jetzt würde ich gerne noch den Zauberwald sehen. Wo ist denn der eigentlich?"
„Magst du den auch noch sehen? Dann steig auf!"
Und schon stoben sie davon. Anton fand es lustig, im wogenden Spechtflug zu stieben. Nach einer Weile landeten sie.
„Oh", rief Anton, „diese Bäume! Noch nie habe ich solche Riesen gesehen."
„Die sind viel älter als deine Buche, drei- oder vierhundert Jahre alt."
„Diese schönen Linden, Tannen und Eichen. In einem solchen Wald möchte ich wohl Förster sein."

Anton und der Specht

Traum und Hoffnung

„Förster?", fragte Nadu, „Dieser Wald braucht keinen Förster. Dies hier ist einfach Wald, lebendiger Wald."
„Ob mein Wald auch so lebendig werden kann?"
„Warum nicht?", antwortete Nadu. „Nur du, Anton, wirst es nicht erleben. Doch du kannst das Deine dazu tun."
„Das verspreche ich dir", sagte Anton. „Die Buche bleibt stehen. Und ich werde Linden pflanzen und Vogelbeerbäume. Wenn ich nicht zu sehr störe, dann möchte ich auch bald wiederkommen. Irgendwo hinter einem Busch möchte ich sitzen und nur zuschauen und hören, wie der Pirol flötet. Und ich möchte Katrin und Sebastian mitbringen."
Die Sonne ging unter, rot und golden. Der Zauber ließ nach, und Anton wurde wieder ein großer Mensch.
„Es war ein wundersamer Tag", sagte er. „Ich glaube, die Springwurz öffnet nicht nur Räume und Zeiten, sie öffnet auch die Augen."

- Was wollte der Bauer Anton mit der Buche machen?
- Wohin nahm Nadu den Bauern mit?
- Welche Tiere haben Nadu und Anton in der alten Buche gesehen?
- Warum brauchen Schwarzspechte alte Bäume?

Die Stadteiche bekommt Besuch

Traum und Hoffnung

Das Einzige, was Stefan von zu Hause mitgenommen hatte, waren drei Eicheln. Drei Eicheln von dem großen Baum, der vor dem Haus seiner Eltern stand. Stefan zog in die ferne Stadt, baute ein Haus, ein kleines Haus, mit nur einer Wohnung und einem spitzen Dach. Die Eicheln legte er in einiger Entfernung, etwa zwanzig Schritt vom Eingang entfernt, in die Erde. Bald keimte schon eine der Eicheln, aber es blieb bei der einen, die Stefan hegte und pflegte. Zuerst wohnten nur Stefan und Else in dem Haus. Später kam Rolf, der Sohn, hinzu und noch etwas später Bernd. Während all der Jahre wurde aus dem Eichelsamen ein richtiger Baum.

17 Die Stadteiche bekommt Besuch

Traum und Hoffnung

Eines Tages bekam Stefan einen Brief: „Unsere Stadt ist größer geworden", stand darin – so, als hätte Stefan das noch nicht selbst bemerkt. Wo früher einmal der Rand der Stadt gewesen war, ist jetzt Stadtmitte. „Und weil Silberberg eine moderne Stadt ist", stand in dem Brief, „wollen wir jetzt größere Häuser bauen. In diesen Häusern sollen Menschen alles finden, was sie brauchen: Kaffeestuben, Bäckereien, große Einkaufsläden. Im fünfzigsten Stockwerk soll der Bürgermeister mit allen Leuten arbeiten, die für das Wohl unserer Stadt sorgen."

Stefan, Else, Rolf und Bernd mussten ihr Haus verlassen. Stefan ging hinaus zu seiner Eiche: „Wir müssen fort von hier", sagte er, „dich, Eiche, möchte ich mitnehmen. Du bist das Einzige, was ich aus meiner Heimat mitgenommen habe, du bist meine Heimat."

„Zu spät, Stefan", sagte die Eiche. „Einen 30 Jahre alten Baum kannst du nicht verpflanzen. Zu tief sind meine Wurzeln in dieser Erde. Ich werde hier bleiben müssen. Und schau, was sollte die Amsel tun, die alle Jahre in meinen Zweigen brütet. Wo sollen die Krähen im Winter schlafen?"

„Ich hoffe, die Bauleute werden dich leben lassen", sagte Stefan. „Ich habe einen Vorschlag", antwortete die Eiche. Nimm eine Eichel von meinen Zweigen, pflanze sie dort, wo du eine neues Haus bauen wirst."

Bald darauf fingen die Bauleute an, Gruben auszuheben. Lastwagen brachten Beton für die Fundamente der großen Häuser, dann kamen riesige Kräne. Die setzten ein Hausteil auf das andere.

Noch war kaum mehr als ein Jahr vergangen, da war die Eiche von Riesenhäusern fast eingekesselt. Nur wenn die Sonne ganz hoch am Himmel stand, erreichten ihre Strahlen die Blätter der Eiche.

„Hier ist es zu dunkel für mich", sagte die Amsel im nächsten Frühjahr. Und im Herbst kamen auch die Krähen nicht mehr.

Die Stadteiche bekommt Besuch

Traum und Hoffnung

Die Eiche fühlte sich einsam. „Ich hätte doch mit Stefan gehen sollen", flüsterte sie für sich, „wäre ich nur nicht so tief verwurzelt." Die Menschen, die in den großen Häusern ein und aus gingen, beachteten die Eiche nicht. Der Hauswart schaute im Herbst zu ihr auf. „Am liebsten würde ich dich absägen", sagte er. „Immer wirfst du deine Blätter auf den Hof."
Die Eiche versuchte, ihre Blätter möglichst lange zu behalten. Nur, spätestens im April fielen sie dann doch ab.
Allein die Kinder freuten sich über die Eiche. Sie kletterten auf ihren Ästen. Aus den herabgefallenen Zweigen bauten sie Zäune für ihre Spielstadt, und die Eicheln waren Pferde, Kühe oder Menschen.
Als die Eiche ungefähr 80 Jahre alt war, bekam sie überraschend Besuch. Ein Fuchs kam vorbei. „Darf ich unter deinen Wurzeln schlafen?", fragte er.
„Na klar", sagte die Eiche, „Ich bin froh, wenn ich nicht so allein bin."
Ein wenig später kam ein Marder angeschlichen. „Darf ich bei dir in den Zweigen schlafen?", fragte er.
„Gewiss", antwortete die Eiche. „Aber sag, woher kommst du denn? Gestern schon hat mich der Fuchs besucht."
„Das ist eine traurige Geschichte", sagte der Marder. „Draußen vor der Stadt haben die Menschen unsere Wohnungen, die Bäume, abgeschlagen. Sie bauen dort Fabriken – und wir müssen eine neue Heimat finden."
„Hm", meinte die Eiche, „bei mir könnt ihr nicht bleiben, nicht für lange. Hier findet ihr kein Futter. Und stell dir vor – hier scheint nicht einmal die Sonne. Aber in der Stadt gibt es einige Parks mit Wiesen und Bäumen – das haben mir die Krähen erzählt, als sie noch auf meinen Armen schliefen. Vielleicht findet ihr dort Platz."

17 Die Stadteiche bekommt Besuch

Traum und Hoffnung

„Fühlst du dich hier nicht wohl?", fragte der Marder.
„Wohlfühlen, hier zwischen den Häusern?", seufzte die Eiche.
„Dann komm doch mit uns", sagte der Marder.
„Wenn das so einfach wäre", stöhnte die Eiche. „Vielleicht kommen auch für mich noch bessere Zeiten. Wenn ich hundert oder zweihundert Jahre alt werde. So lang hat noch kein Hausriese überlebt."
Der Marder, der Fuchs, das Wildschwein und die Fledermaus zogen weiter. Sie fanden eine neue Heimat im Park und in den großen Gärten bei den schönen Häusern in der Vorstadt.
Die Eiche aber hofft noch immer auf die Sonne, auf das Lied der Amsel und die Krähen im Winter.

- Warum hat Stefan drei Eicheln mitgenommen, als er umziehen musste?
- Warum hat Stefan den Eichbaum bei seinem Umzug nicht mitgenommen?
- Warum hat die Amsel die Stadteiche verlassen?
- Warum haben die Waldtiere die Eiche besucht?
- Wie viele Jahre braucht eine Eiche, um so groß zu werden, wie du bist?

Der Rabe von Neuenburg

Von Sonne, Mond und Sternen

Die Leute von Neuenburg hatten alles, was sie brauchten. Sie hatten genug Brot zu brechen, sie hatten Honig, Milch, Eier und Fleisch. Sie hatten gemütliche Wohnungen, warme Bäder, große Autos. Sie hatten Licht, um die Dunkelheit zu vertreiben. Eines Tages sagte der Bürgermeister: „Wozu brauchen wir eigentlich die Sonne? Im Winter geht die Sonne auf, wenn die Schüler schon in der Schule sind und die Erwachsenen schon lange in den Büros und Fabriken arbeiten. Wenn wir über unsere Stadt einen großen Scheinwerfer bauen, dann haben wir Licht, wann wir es wollen, überall."
Darauf beschloss der Stadtrat, die Sonne zu verkaufen. In der Stadtzeitung war eine große Anzeige zu lesen: Sonne zu verkaufen gegen Höchstgebot.

18 Der Rabe von Neuenburg

Von Sonne, Mond und Sternen

Nach zwei Tagen kam ein fremder Mann mit einem langen Bart und einem großen bunten Spitzhut ins Rathaus und sagte: „Ich kaufe euch die Sonne ab. Hier sind zwei Säcke mit Golddollar. Stellt die Sonne auf einen Wagen, und bringt sie zum Stadttor, wenn der letzte Rabe schlafen geht."
So geschah es. Der Fremde holte die Sonne. Der Stadtrat aber ließ von den Dollar eine riesige Glaskuppel bauen mit künstlichen Sonnen, Baumpflanzen und Palmen, mit roten Papageien und bunten Fischen und einem mollig warmen Spaßbad. Und über der Stadt hängten sie eine riesige Laterne auf. Und allen gefiel es so. Nur die Alten murrten, aber auf die hörte ohnehin niemand mehr. Die Alten nämlich vermissten den Gesang der Amseln morgens, wenn die Sonne aufging.
Nach einiger Zeit sagte ein anderer Stadtrat: „Wozu brauchen wir eigentlich den Mond? Wir haben doch Licht, wann immer wir wollen." Und wieder setzte der Bürgermeister eine Anzeige in die Stadtnachrichten: Mond zu vergeben gegen Höchstgebot.
Auch dieses Mal erschien zwei Tage später der Mann mit dem langen Bart und dem bunten Spitzhut. Zwei Säcke Golddollar brachte er gleich mit. Der Mond allerdings sollte nicht als ganzer Mond geliefert werden, sondern alle drei Tage ein Viertel, immer auf einem Leiterwagen vor der Stadt, noch bevor der letzte Rabe zur Neuenburg schlafen flog.
Mit dem Geld ließen die Stadtväter eine große Sportarena bauen mit Fußballfeldern, Laufstrecken, Rennstrecken für Ruderboote. Und alle waren damit zufrieden. Nur die Alten schüttelten die Köpfe und vermissten den großen, runden Mond, wie er hell am Himmel stand.
„Eigentlich", sagte eines Tages ein Stadtrat, „wäre es doch schön, wir hätten auch eine richtig große Autorennbahn. Dann kommen

Der Rabe von Neuenburg

Von Sonne, Mond und Sternen

noch mehr Menschen unsere Stadt besuchen. Wie wäre es, wenn wir auch die Sterne verkauften? Dann haben wir genug Geld dafür."
„Oh", sagten die anderen, „alle auf einmal? Sollten wir sie nicht einzeln verkaufen?"
Ein anderer meinte: „Wir verkaufen die Sternbilder getrennt, den großen Wagen, den Orion, den Polarstern."
Doch das war den meisten Stadtvätern, Stadträten und Stadträtinnen zu viel Arbeit, und so verkauften sie alle Sterne auf einmal, wieder an den Mann mit Bart und Spitzhut. Als der Rabe Korppi abends zur Neuenburg zum Schlafen flog, stand der Wagen mit den vielen Säcken voller Sterne vor dem Tor. Der Rabe sah, wie es aus den Sacknähten herausfunkelte, und dachte sich: „Ob das wohl alles mit rechten Dingen zugeht?" Und als er genauer hinschaute, entdeckte er, die Säcke waren voller glitzernder Sterne. Er schaute zum Himmel – und der war rabenschwarz.
Als der bärtige Mann seine beiden Schimmel vor den Wagen spannte, murmelte Korppi: „Ich schau mal, wohin die Reise geht." Kaum waren Pferd und Wagen draußen auf den Wiesen, da hob sich das Pferd und der Wagen, und der Rabe sah, wie der Mann mit dem spitzen Hut die Peitsche schwang. Das Gespann flog über Berge und Täler. Korppi hatte Mühe, ihnen zu folgen. Schließlich landete das Gespann im Hof einer großen Burg, die auf einem Riesenberg lag. Korppi glitt lautlos zurück zur Neuenburg. Aber das Geheimnis nahm er mit. Nur er wusste, wo die Sterne geblieben waren. In jener Nacht hat Korppi schlecht geschlafen. Wieso, überlegte er, dürfen die Menschen die Sterne verkaufen? Und die Sonne und den Mond? Er hatte doch gesehen, wie auch sie fortgeschafft wurden. Gehörten Sonne, Mond und Sterne nicht auch den Tieren? Am nächsten Tag erzählte

18 Der Rabe von Neuenburg

Von Sonne, Mond und Sternen

Korppi den anderen Raben, was er gesehen hatte. Es gab ein langes Rabenpalaver. Viele Raben waren erzürnt über die Eigenmächtigkeit der Stadtmenschen. Schließlich meinte Korppi: „Lasst uns mal abwarten, was weiter geschieht."
Die meisten Menschen lebten weiter wie bisher. Sie freuten sich über ihre Glashallen mit den Palmen. Andere gingen in das Sportstadion oder auf die Autorennbahn. Doch die Alten erzählten den Kindern immer noch die Geschichten von der Sonne am Morgen, dem Mond und den Sternen, und sie sangen mit ihnen: „Laterne, Laterne, Sonne, Mond und Sterne".
Aber wenn sie ihre Eltern fragten, dann sagten die nur: „Ach, lasst uns doch mit euren Fragen in Ruhe. Das alles sind Dinge aus alter Zeit, so wie Riesen und Drachen. Wir haben es heute doch viel besser. Wenn wir Licht brauchen, schalten wir es an. Und was müsst ihr Laternenlieder singen. Wir haben einen so schönen Glaspalast zum Spielen."
Die Kinder fragten aber nicht nur ihre Eltern, sie sprachen auch mit den Raben, die pünktlich jeden Tag zur Pause kamen und die Reste vom Pausenbrot fraßen. Der Rabe Korppi erzählte den Kindern, was wirklich geschehen war. Die Kinder waren empört. „Wir wollen den Mond und die Sonne wiederhaben", riefen sie. Doch guter Rat war teuer.
„Euch helfe ich gern", sagte der Rabe, „aber ihr müsst mit euren Müttern und euren Vätern sprechen". Tim fasste sich ein Herz und sprach mit seinen Eltern. „Hilf uns, den Mond wieder herbeizuschaffen." „Ja", sagte sein Vater, „manchmal haben wir auch schon an die alte Zeit gedacht, damals als morgens die Sonne aufging, als nachts der Mond schien und die Sterne leuchteten, an die Zeit, als in der Morgendämmerung die Drosseln flöteten oder die Nachtigall den Mond ansang. Gut, wenn wir die Stadt-

Der Rabe von Neuenburg

Von Sonne, Mond und Sternen

scheinwerfer einschalten, ist es auch hell. Aber so wie früher ist es nicht mehr. Mir ist, als hätten wir mit der Sonne und dem Mond auch unsere Seelen verkauft."

„Aber woher sollen wir das Geld nehmen, um die Sonne zurückzukaufen und den Mond und die Sterne? Wir wissen ja nicht einmal, wohin Sonne und Mond verkauft wurden", sagte die Mutter.

„Ich kenne jemanden, der es weiß", sagte Tim.

So kam es, dass sich eines Abends ein paar Dutzend Eltern und Kinder mit den Raben trafen.

„Ich werde den Zauberer besuchen", sagte der Rabe Korppi. Er schwang sich in die Luft, flog über Berg und Tal und landete auf dem Hofplatz vor dem Schloss des Zauberers. Dort spielte ein Mädchen. Es hatte ein blaues Kleid an und trug lange Zöpfe. Das Mädchen spielte mit Sternenbällen und war gar nicht erschrocken, als der Rabe es ansprach.

„Wohnt hier der Zauberer?", fragte Korppi.

„Ja, der Zauberer ist mein Vater", sagte das Mädchen. „Ich heiße Karen. Und wer bist du?"

„Oh ja", sagte der Rabe, „entschuldige, mein Name ist Korppi. Weißt du", fuhr er fort, „die Kinder von Neuenburg haben mich gebeten, hierher zu fliegen. Ihre Eltern haben Sonne, Mond und Sterne an deinen Vater verkauft. Aber die Kinder sind traurig, es gibt keinen richtigen Morgen, keinen richtigen Abend mehr. Die Nachtigall singt nicht mehr den Mond an. Ich will deinen Vater bitten, ob er Sonne, Mond und Sterne zurückgibt."

„Gut", sagte Karen, „ich führe dich zu ihm."

In dem großen Saal saß der Zauberer auf einem Stuhl. Vor ihm stand ein Schreibtisch mit einer riesigen Himmelskarte. Überall an den dunklen Wänden leuchteten Sternbilder. Der Rabe erkannte gleich den großen Wagen und die Zwillinge. Oben an der Decke

Der Rabe von Neuenburg

Von Sonne, Mond und Sternen

aber waren viele leuchtende Sonnen aufgehängt.
„Was verschafft mir die Ehre dieses Besuchs?", fragte der Zauberer mit seiner dunklen, knarrenden Stimme.
„Ich komme als Bote der Kinder von Neuenburg. Sie bitten dich, ihre Sonne und ihren Mond zurückzugeben."
„Ausgeschlossen", sagte der Zauberer, „nie und nimmer."
„Sie wollen sie auch bezahlen."
„Bezahlen? Und wenn schon, ich sammle Sonnen, Monde und Sterne. Schau her, die alle habe ich gekauft, und ich werde keine zurückgeben."
„Aber die Kinder", sagte der Rabe, „sollen sie für den Unverstand, die Geldgier ihrer Eltern büßen?"
„Mich gehen Menschenkinder nichts an", erwiderte der Zauberer. „Ich wünsche dir eine gute Rückreise."
Der Rabe saß mit hängenden Flügeln auf der Mauer im Schloss.
„Will mein Vater die Sonne nicht zurückgeben?", fragte Karen.
„Das habe ich mir gedacht. Er sammelt und sammelt und gibt nie etwas zurück. Mir tun die Kinder in Neuenburg Leid, und ich möchte ihnen gerne helfen – auch wenn es gegen meinen Vater ist. Du bist doch klug, Korppi, hast du einen Rat?"
„Wenn du mir hilfst", sagte der Rabe, „dann habe ich einen Plan. Morgen komme ich wieder."
„Am besten ist, du kommst mittags, dann schläft mein Vater."
Es war ein mühseliger Tag, doch bis zum Mittag hatte Korppi den Riesenkürbis zum Schlosshof geflogen. Die Kinder von Neuenburg hatten den Kürbis ausgehöhlt, Fensterlöcher in die Seiten geschnitten und dann Lampen hineingehängt.
„Mein Vater schläft wie ein Murmeltier", sagte Karen „ich habe ihm ein besonders großes Glas Wein zum Mittagessen eingeschenkt."

Der Rabe von Neuenburg

Von Sonne, Mond und Sternen

Leise öffnete sie die Tür zum Saal, das Schnarchen des Zauberers war bis dort zu hören.
„Da, das ist die Neuenburger Sonne", sagte Karen. Vorsichtig hängten sie die Sonne ab und hängten den Kürbis an ihre Stelle.
„Ich glaube nicht, dass mein Vater es merkt", sagte Karen. „Willst du auch den Mond?", fragte sie. „Wann holst du den?"
„Morgen", sagte Korppi, „morgen bin ich wieder bei dir."
Sorgfältig schlugen sie die Sonne in eine Decke, damit ihr Leuchten den Zauberer nicht doch noch weckte.
Als am kommenden Morgen die Sonne wieder am Neuenburger Himmel aufging, da jubelten und tanzten die Kinder vor Freude. Die Amseln flöteten, und auch die Alten waren froh, die Sonne wieder zu sehen. An diesem Tag hatte es der Rabe leichter. Einen gelben Luftballon hatten die Kinder aufgeblasen. Den trug Korppi zum Zaubererschloss.
„Mein Vater schläft immer noch", sagte Karen, „wir müssen uns beeilen, dass er nicht aufwacht."
Leise trippelten sie oben durch den Flur, vorsichtig öffneten sie die Tür, nahmen den Neuenburger Mond ab und hängten den Luftballon auf.
Gerade als der Rabe auf dem Flur stand, tönte ein gellender Schrei durch das Schloss.
„Mein Vater", flüsterte Karen. „Geh, Korppi. Mach dir keine Sorgen. Und wenn du ein paar Sterne möchtest, ich hol mir jeden Tag ein paar, um mit ihnen Ball zu spielen. Ich werfe dir einfach ein paar zur Erde. Du kannst sie dann aufsammeln und an euren Himmel hängen."
Die Kinder in Neuenburg jubelten dem Raben zu. Sie sangen „Sonne, Mond und Sterne, die haben wir so gerne". Bis in die Nacht tanzten sie. Zwar gab es immer noch einige, die lieber die

18 Der Rabe von Neuenburg

Von Sonne, Mond und Sternen

Glaskuppel mit der künstlichen Sonne, mit Palmen und Papageien besuchten oder in die Sportarena gingen. Aber alle anderen freuten sich, dass die Sonne wieder schien, die Vögel morgens und abends sangen und in der Nacht sogar einige Sternbilder am Himmel standen. An Weihnachten waren die Tage kurz wie zuvor, und es gab lange Abende, an denen Geschichten erzählt wurden.
Weil die Menschen, vor allem die Kinder, nicht wussten, wie sie dem Raben danken sollten, nannten sie von nun an die ganze Stadt Ravensburg. Und als die Kinder erwachsen waren, nahmen sie den Raben als Wappentier in das Stadtwappen auf und schützten die Raben vor Verfolgung und Ausrottung.

- Was hat der Bürgermeister verkauft?
- Wann sind die Tage kurz und die Nächte lang?
- Wie heißt der Rabe?
- Was sollte der Rabe für die Kinder tun?
- Wofür brauchen wir die Sonne?

Der Hahn und die Sonne

Von Sonne, Mond und Sternen

Der Hahn war schon immer ein Frühaufsteher. Lange ehe die Sonne erwachte, stand er auf dem Misthaufen und krähte. Weil aber die Sonne am Morgen häufig noch schläfrig war, sagte die Sonne zum Hahn: „Hör mal, Gockel, du stehst doch alle Tage auf, eh noch der Tau fällt. Willst du mich nicht morgens wecken?" Und weil der Hahn ein braver Hahn war, der selten Fragen stellte, sagte er: „Gut, das will ich tun", und von da ab krähte er jeden Morgen so lange, bis er sah, wie die Sonne am Himmel aufstieg. Die Schöpfung war damit zufrieden. Es muss ja alles in der Welt seine Ordnung haben.
Einmal hatte der Bauer am Abend einen Sack voller Korn vom Wagen zur Scheune getragen. Aber der Sack war nicht dicht gewesen, und als der Hahn in der Morgenfrühe über den Hof

Der Hahn und die Sonne

Von Sonne, Mond und Sternen

stolzierte, entdeckte er die vielen schönen Weizenkörner. Da rief er schnell sein ganzes Hühnervolk zusammen. Er gurrte und gockelte, er scharrte und kratzte, und die Hühner pickten und pickten und bewunderten ihren Hahn. Darüber aber vergaß der Hahn, die Sonne zu wecken.
Als die Schöpfung das bemerkte, dachte sie: „Dieses Mal will ich dem Hahn nichts sagen, er wird gewiss nicht wieder vergessen, die Sonne zu wecken."
Es vergingen Wochen. Einmal hatte es in der Nacht geregnet. Als der Hahn am Morgen erwachte, entdeckte er überall auf dem Hof schöne fette Regenwürmer, und er dachte: „Wozu so ein rechter Landregen doch gut sein kann." Er war so entzückt, dass er wieder alle Hennen zusammenrief. Die Hennen stürzten herbei. Sie scharrten, pickten und gickerten. Aber oh je, es wurde fast Mittag, ehe dem Hahn auffiel, dass er die Sonne gar nicht geweckt hatte. Natürlich erfuhr die Schöpfung auch davon, und als sie auf die Erde schaute, war es da tatsächlich noch finster wie zur Nacht. Sie schüttelte ihr Haupt und sprach: „Nein, Gockel, so geht das nicht. Die Menschen können nicht arbeiten, weil es zu dunkel ist, die Blumen können nicht blühen, und der Weizen kann nicht wachsen, nur weil du vergessen hast, die Sonne zu wecken. Nun, einmal noch will ich dir deine Säumigkeit durchgehen lassen."
So ging alles seinen Lauf eine lange Zeit. Jeden Tag in aller Herrgottsfrühe lief der Hahn aus dem Stall, stellte sich auf den Misthaufen und krähte, bis die Sonne aufwachte. Und die Schöpfung war damit zufrieden.
Doch dann kam der Winter. Zuerst gab es nur hin und wieder ein paar Schneeflocken, ein leichter Frost ließ die Pfützen gefrieren. Eines Nachts aber, da wirbelten die Schneeflocken nur so vom Himmel. Am Morgen bedeckte ein dicker Teppich aus Schnee die

Der Hahn und die Sonne

Von Sonne, Mond und Sternen

Wiesen, die Felder und Dächer. Sogar die Bäume trugen weiße Schneehauben.
Der Hahn schaute morgens zum Stall hinaus.
Brr, er schüttelte sich. „Bei dem Wetter", dachte er, „gönn ich mir noch eine zusätzliche Mütze Schlaf."
Und er verschwand wieder im Hühnerstall.
Auf einmal gab es einen lauten Donnerschlag.
„Aufwachen, Gockel", rief die Schöpfung, „du hast wieder versäumt, die Sonne zu wecken. Jetzt ist mein Geduldsfaden doch gerissen. So kann das nicht weitergehen. Ab morgen setzt du dich auf den Kirchturm. Dort können dich keine Regenwürmer ablenken, kein Weizenkorn kann dich locken, und nie wieder wird dich der Schnee in den Stall treiben."
Ja, und seit jener Zeit hockt der Hahn oben auf der Kirchturmspitze. Er hat nie wieder vergessen, die Sonne zu wecken.

- Wo hat der Hahn morgens immer die Sonne begrüßt?
- Worum hat ihn die Sonne gebeten?
- Wie oft hat der Hahn seine Pflicht vernachlässigt?
- Wohin hat die Schöpfung den Hahn geschickt?
- Legt ein Huhn auch Eier, wenn kein Hahn im Hühnerhof herum läuft?

Die Herausgeber

Vorstellung

NABU-Gruppe Marbach

Unsere Umwelt kennen zu lernen und sie zu schützen, das sind die Aufgabenbereiche des Naturschutzbundes.
Manche Gruppen erhalten Obstbäume für den Steinkauz, andere pflegen Ufer an Bächen oder gestalten Steinbrüche als Lebensraum für Wanderfalk und Kammmolch.
Die Gruppe Marbach am Neckar hat sich der Umweltbildung verschrieben. Wir versuchen, Kindern und Erwachsenen zu zeigen, was wir alles in unserer Umgebung entdecken können. Wir wollen bewusst machen, dass es unsere Aufgabe ist, dem Türkenbund und dem Kuckuck auch bei uns in Marbach, der Geburtsstadt Schillers, eine Heimat zu geben.
Vielleicht ist es ja der Geist Schillers, der uns ermuntert, mehr mit dem Wort, mit dem Bleistift in der Hand für den Erhalt der Natur einzutreten als mit der Schaufel über der Schulter.
Die Gruppe Marbach ist eine der vielen über die ganze Republik verstreuten Gruppen, die alle im Naturschutzbund Deutschland zusammengefasst sind.
Der vorliegende Band ist in enger Zusammenarbeit mit der Naturschutzjugend, dem NABU-Bundesfachausschuss Umwelt und Bildung und dem Landesbund für Vogelschutz in Bayern (LBV) entstanden.

Kontakt:
Charis Mutschler, Lilienstr. 2, 71672 Marbach

Die Herausgeber

Vorstellung

Die NAJU

Die NAJU (Naturschutzjugend) ist die unabhängige, gemeinnützige Jugendorganisation des NABU und des LBV.
Sie wurde 1982 gegründet und hat es sich zum Ziel gesetzt, durch aktiven Natur- und Umweltschutz die natürlichen Lebensgrundlagen des Menschen und die biologische Vielfalt zu erhalten.
Deutschlandweit engagieren sich rund 80.000 Kinder und Jugendliche von 6 bis 27 Jahren bei der NAJU.

Das sind die Ziele der NAJU

Die Ziele der NAJU werden von den ehrenamtlichen Aktiven der NAJU bestimmt, die hauptamtlichen Mitarbeiter/Innen unterstützen sie mit ihren Erfahrungen bei der Umsetzung der Ziele.
Die NAJU will

- mit ihrer Umweltbildungsarbeit Kinder und Jugendliche für ökologische Zusammenhänge sensibilisieren und ihnen Handlungswege aufzeigen, um ihr Leben im Sinne einer nachhaltigen Entwicklung zu gestalten

- durch praktischen Biotop- und Artenschutz einen Beitrag zur Erhaltung der biologischen Vielfalt leisten

- mit ihrer Arbeit Prinzipien der Demokratie, Toleranz und Gleichheit vermitteln

- Einfluss auf politische Entscheidungsprozesse nehmen.

Die Herausgeber

Vorstellung

So funktioniert die NAJU

Die NAJU ist ein Zusammenschluss von 16 Landesverbänden, die wiederum in zahlreiche Orts- und Kreisgruppen untergliedert sind. Diese bilden das Fundament der erfolgreichen Umwelt- und Naturschutzarbeit innerhalb der NAJU. Unterstützung erhalten die NAJU-Gruppen durch die NAJU-Landesverbände. Der NAJU-Bundesverband vertritt als Dachverband aller NAJU-Landesverbände die NAJU-Interessen gegenüber dem NABU-Bundesverband und bundespolitischen Institutionen.

Der NAJU-Kinderbereich Rudi Rotbein

Jeder kennt ihn: Rudi Rotbein, das Storchen-Maskottchen des Kinderbereiches der NAJU. 6- bis 13-Jährige haben die Möglichkeit, sich in Rudi-Rotbein-Kindergruppen für den Umwelt- und Naturschutz stark zu machen. Kindergruppen gibt es deutschlandweit, etwa 10.000 Kinder sind schon begeistert dabei. Sie treffen sich regelmäßig, gehen raus in die Natur, basteln, forschen, beobachten Tiere und führen Umwelt- und Naturschutzaktionen durch (zum Beispiel Obstwiesen pflegen, Nistkästen anbringen etc.). Darüber hinaus bietet die NAJU jedes Jahr viele Abenteuer- und Erlebnisfreizeiten, spannende Aktionen und bundesweite Wettbewerbe für Kinder an.
Ein ganz besonderer Wettbewerb für Kinder ist der „Erlebte Frühling". Das Umweltbildungsprojekt wird von der NAJU seit 1984 jährlich und bundesweit durchgeführt und ist das traditions- und erfolgreichste NAJU-Projekt. Die Wettbewerbsaufgabe besteht darin, vier ausgewählte Frühlingsboten in der Natur zu suchen, zu beobachten und die Erlebnisse z.B. in Bildern, Geschichten oder

Die Herausgeber

Vorstellung

Bastelarbeiten zu verarbeiten. Die Kinder setzen sich dabei nicht nur theoretisch und praktisch mit den Zusammenhängen zwischen Tieren, Pflanzen und Umwelt auseinander, sondern lernen auch, was sie ganz konkret zum Schutz der Natur und Umwelt tun können. Im schulischen Bereich können die Materialien sehr gut in den Lehrplan integriert werden, so z.B. in den Biologie- oder Sachunterricht, aber auch in Fächer wie Kunst, Werken und Deutsch. Die NAJU fördert mit ihrem Wettbewerb den fächerübergreifenden, projektorientierten Unterricht.

Auch das Projekt „Stunde der Gartenvögel" erfreut sich bei Kindern und auch Erwachsenen großer Beliebtheit. Im Rahmen der bundesweiten NABU-Aktion, bei der VogelfreundInnen quer durch die Republik aufgerufen werden, die Vögel in ihrem Garten zu notieren und dem NABU zu melden, bietet die NAJU ein „Begleitprogramm" für Kinder an: eine Gartenrallye. Ziel der Rallye ist, Kinder im Grundschul- und Kindergartenalter an das Ökosystem Garten sowie die in ihm lebenden Vögel heranzuführen. Quiz, Lernelemente, Spiel und Spaß werden dabei miteinander kombiniert.

Für ganz ausgeschlafene und pfiffige Kinder hat die NAJU die Webseite www.najuversum.de entwickelt.

Die Seite richtet sich in erster Linie an Kinder zwischen 8 und 13 Jahren. Sie vermittelt altersgerecht aufbereitetes Wissen rund um den Umwelt- und Naturschutz. Aktuelle Umweltthemen werden ebenso angesprochen wie alltägliche Fragen zu Tieren, Pflanzen und Menschen. Unter den Rubriken „Mach mit" und „Spiel & Spaß" erwartet die jungen Nutzer ein breit gefächertes, stetig wechselndes Angebot an Aktionen, Experimenten und Spielideen für drinnen und draußen. So finden sich hier beispielsweise die Anleitung für den Bau eines Wildbienenhotels, Tipps für die Beobachtung von Vögeln und das NAJU-Quiz mit Fragen zur Umwelt.

Die Herausgeber

Vorstellung

Das Online-Umweltangebot vermittelt darüber hinaus auch Medienkompetenz in ihren vier Dimensionen Medienkunde, Mediennutzung, Mediengestaltung und Medienkritik. Mit Hilfe eines Baukastensystems können die Kinder ihre eigene Homepage gestalten, E-Cards versenden und im Chat Gleichaltrige treffen. So sammeln sie auf spielerische und gleichzeitig sichere Weise praktische Erfahrungen im Umgang mit dem Internet.
Neben den 8- bis 13-Jährigen spricht das interaktive Kompetenzzentrum Umwelt auch Multiplikatoren an. Der Bereich für Erwachsene ist ein Wissenspool, der einfach umsetzbare Praxistipps, umweltpädagogische Informationen und Anregungen für die Arbeit in der Schule, in der Familie oder in der Gruppe bereithält.
Ergänzt wird die Internetplattform von der gleichnamigen Umweltkinderzeitung, die in unregelmäßigen Abständen erscheint und Themen aus dem Umwelt- und Naturschutzbereich für Kinder interessant und spielerisch aufbereitet.

Der NAJU-Jugendbereich

Im Jugendbereich der NAJU engagieren sich junge Menschen von 14 bis 27 Jahren. Sie organisieren sich größtenteils selber in Jugendgruppen, in denen sie Ideen und Aktionen zum Umwelt- und Naturschutz entwickeln und gemeinsam umsetzen.
In diesem Zusammenhang entstehen fortlaufend spannende und erfolgreiche Kampagnen wie z.B. „Die Entsiegler", „Die Flussconnection" oder „Die Klimaakademie".

Die Herausgeber

Vorstellung

Internationales

Das Engagement der Jugendlichen reicht sogar über die Landesgrenzen hinaus. Bereits seit 1996 werden auch internationale Maßnahmen durchgeführt.

Über das Referat für „Internationale Jugend Umweltarbeit" in der Bundesgeschäftsstelle können Fördergelder für internationale Jugendbegegnungen sowie weltweite Workcamps beantragt werden. Hier erhalten die Jugendlichen Unterstützung bei der Antragstellung und haben die Möglichkeit, über Seminare Grundlagen zur Durchführung internationaler Jugendbegegnungen zu erlernen.

JUUS

Das UN-Dekadeprojekt JUUS, ein Kooperationsprojekt von der Deutschen Sportjugend und der Naturschutzjugend, bietet Jugendlichen Sport und Umwelt im Doppelpack an. Jugendliche, die gerne Sport in der Natur treiben, diese aber mit ihren Aktivitäten nicht zerstören wollen, kommen bei diesem Projekt voll auf ihre Kosten. JUUS steht für Jugend für Umwelt und Sport. Die ProjektleiterInnen organisieren gemeinsam mit Jugendlichen umweltverträgliche Sportangebote wie Tauch- und Kletterkurse in der Natur. Das Fachwissen und Handwerkszeug dazu erwerben die Jugendlichen in Seminaren, die eigens zum Projekt entwickelt wurden.

Die Herausgeber

Vorstellung

NAJU Arbeitskreise

Drei verschiedene Arbeitskreise bieten Jugendlichen die Möglichkeit, sich näher mit einem Thema auseinanderzusetzen und Aktionen zu organisieren: der Arbeitskreis Politik, der Arbeitskreis Energie und der Arbeitskreis Internationales.

Aktivenförderung der NAJU

Die NAJU unterstützt die ehrenamtlichen Aktiven bei ihrem Engagement durch den Aktivenförderer in der NAJU-Bundesgeschäftsstelle sowie die Beauftragten für Aktivenförderung in den NAJU-Landesverbänden. Das NAJU/NABU-Beraterteam bietet darüber hinaus praktische Hilfestellungen und Beratungen für eine erfolgreiche Verbandsarbeit und die Moderation von Sitzungen an.

Mitmachen, mitmischen, mitgestalten

Kinder und Jugendliche bis 27 Jahre können bei der NAJU durchstarten und sich für den Umwelt- und Naturschutz stark machen! Mehr Informationen zur NAJU, und was sie alles bietet, wird auf der Internetseite www.naju.de gefunden. Wir freuen uns über viele neue Aktive!

Kontakt:
Naturschutzjugend, Charitéstr. 3, 10117 Berlin

Dank

Allen, die uns mit Anregungen geholfen haben – bei der Auswahl der Geschichten, bei der Korrektur, bei den Empfehlungen für das Umgehen mit den Texten – möchten wir sehr herzlich danken, insbesondere Helga Gebert, Anita Gierke, Dorothea Karpinski, Meike Lechler, Charis Mutschler, Horst Schulz, Joachim Sommer, Tomi Valo und natürlich dem Verlag an der Ruhr.

Die Herausgeber

■ Erlebter Frühling

Jedes Jahr zum Frühlingsanfang startet das NAJU-Projekt „Erlebter Frühling". Alle Kinder zwischen 6 und 13 Jahren, die Lust zum Entdecken haben, sind eingeladen einen bestimmten Lebensraum näher zu untersuchen und die vier Frühlingsboten zu beobachten. Eine Vielzahl von Ideen und Anregungen, um den Kindern den Lebensraum und die Frühlingsboten näher zu bringen, finden sich in den umweltpädagogischen Materialien, die die NAJU zur Verfügung stellt. Macht mit!
Nähere Informationen unter www.erlebter-fruehling.de

■ Stunde der Gartenvögel
Begleitmaterial zur Kinder – Garten – Rallye

Kinder im Alter ab 4 Jahren sind herzlich eingeladen bei der Kinder-Garten-Rallye mitzumachen, die im Rahmen der bundesweiten NABU Aktion „Stunde der Gartenvögel" angeboten wird. Spannende Wissens- und Spielaktionen können mit wenig Aufwand überall durchgeführt werden.
(www.najuversum.de)

Materialien und Informationen zu beiden Projekten können bei der Naturschutzjugend bezogen werden:
Naturschutzjugend Deutschland, NAJU, Charitéstr. 3, 1o117 Berlin

■ Kinder lernen Vögel kennen
Ein Arbeitsbuch mit Steckbriefen, Zeichnungen, Bildkarten und Vogelstimmen-CD
Carola Preuß, Klaus Ruge

Jetzt bleiben Vögel nicht mehr länger fluffige, fliegende Zweibeiner, die aber alle irgendwie gleich aussehen. Zumindest 45 Vogelarten kann man hier näher kennen lernen. Durch ganzseitige Abbildungen zum Ausmalen sowie durch Steckbriefe bekommen die Kinder die wichtigsten Infos zu jedem Vogel. Weitere Texte, Zeichnungen, Karten und Diagramme stellen die jeweiligen Besonderheiten heraus. Die Vogelstimmen-CD und die farbigen Bildkarten zu allen Vögeln bereiten auf das eigene Beobachten in der Natur vor. Durch die vielen Tipps wird es möglich, Vögel gezielt nach Aussehen und Gesang zu identifizieren. Ein Buch, das kleine Vogelkundler aus den Kindern macht. Mit zusätzlichem Bestimmungsschlüssel für die häufigsten Stadtvögel.

6–12 J., 202 S., A4, Pb. (mit vierf. Abb.), mit Audio-CD
ISBN 978-3-8346-0086-8
Best.-Nr. 60086
22,50 € (D)/23,15 € (A)/39,40 CHF